COLECCIÓN
IBEROAMERICANA DE
CIENCIAS CONSTITUCIONALES

2

ACTIVISMO, AUTO-RESTRICCIÓN JUDICIAL Y CONTROL DE CONVENCIONALIDAD EN MÉXICO

COLECCIÓN
IBEROAMERICANA DE
CIENCIAS CONSTITUCIONALES

2

ACTIVISMO, AUTO-RESTRICCIÓN JUDICIAL Y CONTROL DE CONVENCIONALIDAD EN MÉXICO

Júpiter Quiñones Domínguez

COLEX 2024

Calle Costa Rica, número 5, 3.º B (local comercial)
A Coruña, C.P. 15004
info@colex.es
www.colex.es

I.S.B.N.: 978-84-1194-339-0
Depósito legal: C 326-2024

A mis hijos Gael, Galia y Gibran,
quienes con su sola existencia hacen más feliz mi vida.

SUMARIO

CAPÍTULO 4

LA AUTO-RESTRICCIÓN JUDICIAL

CAPÍTULO 5

LA REFORMA DEL AÑO 2011 Y EL CAMBIO DE PARADIGMA CONSTITUCIONAL EN MÉXICO

CAPÍTULO 6

ANÁLISIS DE ALGUNAS DECISIONES RELEVANTES DE LA SUPREMA CORTE DE JUSTICIA DE LA NACIÓN, Y TRIBUNALES FEDERALES, DESDE LA PERSPECTIVA DEL ACTIVISMO O AUTO-RESTRICCIÓN JUDICIAL Y EL CONTROL DE CONVENCIONALIDAD

AGRADECIMIENTOS

A Dios, quien en su infinita gracia me concedió la vida y ha depositado en mí la capacidad de crear esta humilde obra, además de disponer todas las condiciones para que se pudiera llevar a cabo.

A mi madre Josefina, quien desde mi infancia inculcó en mí el cariño por todo el trabajo académico.

A la Universidad Autónoma de Chihuahua, mi Alma Mater, dónde se me ha dado la oportunidad de retribuir un poco de lo mucho que he recibido a lo largo de mi carrera profesional, formando a futuros abogados y juristas mexicanos.

A Luis Alfonso Rivera Campos, Rector de la Universidad Autónoma de Chihuahua, por su sincera amistad y el apoyo para que este libro pudiera ser publicado.

INTRODUCCIÓN

A partir de la segunda mitad del siglo XX, específicamente después del fin de la Segunda Guerra Mundial, el derecho constitucional ha experimentado una transformación de alto impacto no sólo por las reformas e instituciones creadas a nivel mundial, sino por el continuo desarrollo que ha presentado prácticamente en todo el orbe y hasta nuestros días.

Indiscutiblemente el motor de dicha transformación lo constituye el reconocimiento y protección de los derechos humanos tanto en el orden interno de cada Estado como en el ámbito internacional, ya sea universal, o regional, pues es el punto de partida no sólo para la protección de la dignidad humana, sino también para contribuir a la transformación democrática de todos los países que se fueron uniendo ha dicho reconocimiento.

Desde luego que el sólo reconocimiento no bastó para alcanzar el respeto irrestricto de la dignidad humana y de los principios democráticos (en varias latitudes todavía queda un largo camino por recorrer), sino que también se impuso la necesidad de implementar diversos mecanismos jurídico-procesales para estar en condiciones de dotar de eficiencia a todas las prevenciones fundamentales que los nuevos textos constitucionales venían proclamando. En este sentido es como a la par del reconocimiento de los derechos, se fueron creando en Europa, Africa y Latinoamérica, sendas Cortes y Tribunales Constitucionales, con la finalidad de erigirse como guardianes de los derechos y valores plasmados en las Cartas Constitucionales.

Estas innovaciones constitucionales han dado pie al amplio desarrollo del derecho constitucional en todas sus dimensiones como son: los derechos humanos, procesos constitucionales, instituciones democráticas de gobierno, sistemas electorales etc., y trajo consigo además de la creación de las altas Cortes, el fortalecimiento institucional de las mismas, el origen de un complejo estudio jurídico constitucional basado en los beneficios y problemas que conlleva el empoderamiento de la Constitución a través de las Cortes, pero más de las Cortes a través, o so pretexto de la Constitución.

En efecto, la influencia creciente de los tribunales constitucionales en la toma de decisiones públicas, aunque la mayoría de las veces en forma indirecta, ha venido despertando serias críticas en cuanto al papel que estos deben desempeñar en el diseño constitucional del Estado moderno. Algunos consideran que, al carecer los tribunales de «legitimación» democrática directa, están impedidos (y en consecuencia deberían de abstenerse) para asumir jurisdicción y resolver cuestiones «políticas» que deben dejarse exclusivamente a la competencia de los demás poderes del Estado, especialmente al Legislativo, que se considera el de mayor legitimidad en ese sentido.

Por otro lado, hay quienes piensan que debido a la importancia del respeto a la Constitución, sobre todo por lo que toca a las instituciones democráticas y derechos humanos plasmados en la misma, se hace imperativo contar con tribunales «fuertes» que puedan servir de contrapeso a los posibles excesos en que pudieran incurrir los integrantes de los demás órganos del gobierno, pues es precisamente la Constitución y los derechos la barrera infranqueable de limitación de los abusos del poder y en consecuencia debe estar resguardada por una judicatura preparada, objetiva e independiente.

No obstante lo anterior, a veces la experiencia de tiempo en tiempo y de lugar en lugar, nos muestra que la judicatura no está a la altura de las circunstancias exigidas por esta concepción moderna del Estado Constitucional, pues en ocasiones sus resoluciones carecen de sustento jurídico y lo que es peor, parece que adolecen de independencia y objetividad, pues muchas veces es evidente para el observador medio, que las resoluciones judiciales de trascendencia política, se resuelven no tanto, jurídicamente sino, con un sesgo mayor de interés político, con aquiescencia de quienes detentan el poder.

El problema descrito, se intensifica cuando las resoluciones dictadas en esos términos por un lado, no impactan indirectamente en la toma de decisiones políticas de trascendencia, sino que, se constituyen de manera directa en la decisión que resuelve la controversia política; y por otro, cuando estas resoluciones invalidan o dejan sin efecto leyes que han sido aprobadas por mayorías legislativas que a su vez se entiende que representan a mayorías políticas en sociedad, lo que se ha conocido como el argumento contramayoritario, es decir, ¿hasta dónde estos tribunales tienen legitimación para dejar sin efectos una ley que ha sido votada por una legislatura que aparentemente goza de mayor legitimación democrática que la propia Corte?

Si bien en la actualidad la respuesta más aceptada a dicha interrogante, parte de la idea de que los altos tribunales también gozan de una legitimación democrática a la par de los órganos legislativos, pero que la misma, no proviene tanto del electorado sino en mayor medida de la propia Constitución, la cual sirve de parámetro de legitimación de todos los diversos órganos constitucionales que desempeñan un papel en el entramado estatal y que, en este sentido, las Cortes y Tribunales Constitucionales, desempeñan el papel de garantía y resguardo jurídico de los propios valores plasmados en la Constitución, es por esto, que cuando la Constitución reconoce un derecho o valor determinado, el mismo debe prevalecer incluso cuando va en contra de las mayoría políticas de un momento determinado, pues precisamente es esta característica de cierta intangibilidad de la Constitución la que da certeza y estabilidad a un Estado Constitucional.

No obstante lo anterior, consideramos que, desde el punto de vista científico, no podemos quedarnos con una sola postura o solución del problema, y en consecuencia se hace necesario reflexionar sobre la veracidad de las tesis propuestas y sí, en caso de considerarlo, sobre la existencia de prácticas y mecanismos que auxilien evitar desequilibrios en el diseño de división de poderes y pesos y contrapesos en el ejercicio del poder público dentro de un Estado con instituciones constitucionales serias.

Es así como consideramos importante analizar cuáles son las características del activismo y de la auto-restricción judicial, y en qué casos pueden los mismos servir para un correcto equilibrio constitucional.

CAPÍTULO 1

BREVES REFLEXIONES SOBRE EL PAPEL DE LA JUSTICIA CONSTITUCIONAL EN EL ESTADO DEMOCRÁTICO Y SOCIAL DE DERECHO

Si bien el objeto del presente trabajo es hacer un análisis sobre el papel de los tribunales tomando en cuenta dos parámetros que dialécticamente forman parte de la problemática actual de los órganos judiciales de mayor jerarquía, nos referimos al activismo judicial por un lado y por el otro a posiciones de auto-restricción de las Cortes Supremas en sus decisiones, sobre todo respecto a su función en el concierto de la división de poderes; lo anterior creemos nos obliga a poner de relieve aunque sea de forma breve e introductoria, cual ha sido la evolución de la justicia constitucional, y en que ha incidido para el desarrollo del moderno Estado Democrático y Social de Derecho.

1.1. Constitución y Democracia

En la actualidad es difícil encontrar posicionamientos doctrinales que desvinculen los términos de Constitución y Democracia en razón de que bien podría decirse que una no existe sin la otra[1], en efecto, si entendemos la Constitución como la norma máxima, producto de la voluntad del pueblo soberano, creada en un momento coyuntural para efectos de la limitación del poder público como garantía de la libertad de todos los individuos y aún del respeto de su dignidad es claro que el constitucionalismo tiene una base democrática, pues como refiere Manuel Aragón, la democracia es el

---

1. Incluso para Fernandez-Miranda Campoamor Carmen y Alfonso, hablar de la relación entre Constitución y democracia es considerado una petición de principio. Véase de los autores citados la obra *Sistema Electoral, Partidos Políticos y Parlamento.*, COLEX Editorial, Segunda Edición, Madrid, 2008, p. 12.

principio legitimador de la Constitución[2]. Por otro lado, es precisamente esa finalidad de la Constitución como limitación del poder la que la hace (al menos en principio) imprescindible para efectos de garantizar las condiciones mínimas para que funcione un Estado dentro de los márgenes democráticos, ya que la Constitución viene a juridificar la democracia, es decir, a limitarla[3], sobre todo en su sentido soberano, ya que como dice De Vega, la ley (Constitución) se erige como límite de la voluntad soberana, independientemente si se trata de la voluntad del monarca o del pueblo[4], esta paradoja aparente es lo que sustenta la actual relación entre Constitución y democracia, la cual desde luego es sana, pues coincidimos con García de Enterría cuando refiere que: «Todo poder social es, y no puede dejar de ser, si ha de respetarse a los hombres sobre los que se ejerce, esencialmente limitado»[5].

Es por esto que si bien la Constitución se legitima mediante el principio democrático, también la democracia como instrumento de ejercicio del poder social, al ser limitada mediante la Constitución obtiene de igual forma legitimación, y se mantiene dentro de márgenes aceptables que le impiden convertirse en mero populismo mayoritario en perjuicio de individuos y minorías.

Lo anterior es así, no obstante las diferencias que se han venido proponiendo entre democracia procedimental y democracia material o axiológica, pues en ambas se requiere de la garantía de esas condiciones mínimas (libertad, igualdad, seguridad, educación, información, pluralismo etc.) para que existan, ya que como afirma Manuel Aragón la normativización de la soberanía popular no significa tanto su limitación como su garantía y, en ese sentido, la autolimitación del soberano, constitucionalizándose, no repugna a su condición de soberano[6].

La diferencia en principio es que en el primer caso esas libertades son un medio para facilitar el proceso de toma de decisiones políticas, y en el segundo son el fin, es decir, las decisiones políticas están condicionadas por estos valores sin los cuales se pierde legitimidad o en su caso validez.

En efecto, hay que reconocer que la evolución política sobre todo en occidente nos ha llevado a un estado de cosas en las que la democracia se vuelve piedra angular de las instituciones, pero también se ha puesto de manifiesto que, el peor enemigo de la democracia puede ser el exceso de democracia, pues como ha dicho algún autor: «cuando hacemos de la democracia un

---

2. ARAGÓN, Manuel, *Constitución, democracia y control*, Universidad Nacional Autónoma de México, México, 2002, p. 12.

3. *Ibídem*., p.15.

4. DE VEGA, Pedro, *La reforma Constitucional*, Editorial Tecnos, Madrid España, 1985, p. 18.

5. GARCÍA DE ENTERRÍA, Eduardo, *La Constitución como norma y el Tribunal Constitucional*, Editorial Thomson Civitas, Navarra España, Cuarta Edición, 2006, p. 52.

6. ARAGÓN, Manuel, *op. cit.*, pp. 17-18.

dios, la verdad se vuelve plebiscito»[7]; en este sentido es que la democracia si la entendemos como un procedimiento dogmático e infalible, nos puede llevar incluso a consecuencias contrarias al propio ideario democrático y constitucional, es decir, la democracia puede ser el instrumento de su propia destrucción, pues si lo único que vamos a tomar en cuenta son las «formas», bien puede ser el caso (como se ha presentado) que mediante formas democráticas se establezcan gobierno autoritarios.

Por otro lado, la concepción material de democracia conlleva el riesgo de dogmatizar ciertos valores en perjuicio del pluralismo, la tolerancia y la propia evolución política, es pues dentro de esta dialéctica donde se inserta buena parte de la problemática constitucional actual, pues si bien es cierto, las primeras constituciones de la historia fueron el resultado de un rechazo al autoritarismo y abuso del poder autocrático, también lo es que con el tiempo la función limitadora de la Constitución en buena medida ha condicionado el proceso político a grado tal que el principio de soberanía popular parece ser un pilar empolvado del constitucionalismo, pues la representación política regularmente nos conduce a intereses de grupos que en ocasiones pueden ser muy reducidos y facciosos, en palabras de Kelsen:

> «Un avance incontable conduce en todas las democracias a la división del pueblo en partidos políticos, (...) La democracia del Estado moderno es una democracia mediata, parlamentaria, en la cual la voluntad colectiva que prevalece es la determinada por la mayoría de aquellos que han sido elegidos por la mayoría de los ciudadanos. Así, los derechos políticos —en los que consiste la libertad— se reducen en síntesis a un mero derecho de sufragio»[8].

En este sentido, el papel esencial de los partidos políticos modernos nos ha llevado a una realidad que de hecho, ha autorizado ya a algunos estudiosos a hablar no de democracia, incluso no de democracia representativa, sino de «partidocracia»; entendida como el régimen en el cual los partidos son los que toman las más importantes decisiones de la vida política estatal, desde el lanzamiento de los candidatos a los cargos electivos hasta el control de los elegidos y el sometimiento de ellos a la disciplina partidista en el ejercicio de sus funciones públicas[9].

Esta tensión entre limitación del poder y soberanía, como bien lo hace notar Pedro De Vega, se hace evidente en la problemática de la reforma constitucional, pero en la actualidad, también constituye un fenómeno inserto dentro de la problemática de la justicia constitucional, y su legitimidad.

---

7. De la Borbolla, Oscar, *Manual de creación literaria*, Editorial Nueva Imagen, México, D.F., 2002, p. 87.

8. Kelsen, Hans, *Esencia y Valor de la Democracia,* Tr. Rafael Luengo Tapia y Luis Legaz y Lacambra, Ediciones Coyoacan, S.A. de C.V., México, 2005, pp. 45-47.

9. Borja, Rodrigo, en Enciclopedia de la Política, consultable en http://www.enciclopediadelapolitica.org/Defaul

Incluso hay quienes aseveran que la distinción entre democracia procedimental y democracia material, se traslada a quienes conciben a la Constitución desde un punto de vista formal o material, pues es claro que una u otra concepción tendrá repercusiones en la libertad o límite del órgano revisor de la constitución al momento de llevar a cabo su función o en su caso de los Tribunales Constitucionales o Cortes Supremas, al momento de llevar a cabo interpretaciones más o menos progresistas del texto constitucional; en el caso de la reforma constitucional las posiciones formalistas consideran al órgano revisor con facultades ilimitadas en lo sustantivo, pues su única limitación es respetar y ceñirse al procedimiento determinado por el propio texto constitucional, con ello, la Constitución como garante de la democracia, asume un papel de facilitador de la toma de decisiones políticas, aunque se corra el riesgo de que mediante reformas (formalmente válidas) se atente contra valores democráticos.

Por otro lado, quienes entienden la Constitución como un conjunto de valores materiales incluso metajurídicos, que se plasman en el texto de la Constitución, consideran que en ningún caso, y por ningún motivo, el órgano revisor puede llegar a modificar esos valores, surge así la posibilidad de que existan «reformas constitucionales inconstitucionales»[10], lo cual puede considerarse razonable por una parte, pero criticable por los que entienden que estas limitantes interfieren con la voluntad del poder soberano del pueblo, y con ello se petrifica la constitución en perjuicio de la evolución política del Estado.

La tensión mencionada a veces es superada por lo que se conoce como «mutación constitucional» es decir, la modificación no formal a la Constitución[11], que si bien respeta el texto, materialmente en su aplicación se cambia el sentido, y por ello el intérprete último de la Constitución asume un papel preponderante dentro del juego político, que puede incluso llegar a excesos reprochables políticamente pero «válidos» desde el punto de vista jurídico, pues mientras no haya instancia superior de interpretación constitucional, sus resoluciones se convierten en verdad legal.

Por ello, la problemática anterior se traslada al ámbito de la justicia constitucional en lo que se ha venido definiendo como la postura «interpretativa» (conservadora) y la postura «no interpretativa» (activista)[12]; entendida la primera como aquellos que postulan que el intérprete supremo de la Constitución debe limitar su actividad interpretadora a lo que de manera clara expresa el texto constitucional, procurando en la mayor medida posi-

10. BACHOF, Otto, *¿Normas constitucionales inconstitucionales?*, Tr. Leornardo Álvarez Álvarez, Palestra Editores, Lima, 2008.

11. DE VEGA, *op. cit.*, p. 179.

12. HART ELY, John, *Democracy and Distrust,* Harvad University Press, USA, 1980, p. 1.

ble no incorporar sentidos novedosos que cambien la intención original de los redactores de la Constitución, por otro lado el activismo judicial se entiende que es aquél que mediante criterios progresistas de interpretación judicial de la Constitución encuentra o dota a la misma de significados novedosos que se adecuan a las necesidades actuales del Estado y la comunidad política, que pueden las más de las veces traducirse en mutaciones constitucionales.

Lo anterior nos trae el problema de la legitimación del intérprete constitucional desde el punto de vista democrático, lo que a nuestro parecer está vinculado a la concepción formal o material de la constitución pues si somos formalistas tendremos que incorporar la tesis no interpretativa de la Constitución, y con ello considerar que los tribunales o cortes constitucionales deben abstenerse lo más que se pueda de establecer nuevas interpretaciones de la Constitución, pero por el contrario, si entendemos a la Constitución en su sentido material, la interpretación constitucional exige un activismo judicial que sea acorde con la aceptación y concepción de diversos valores constitucionales así como su evolución teórica y política en su caso.

En este sentido entre los riesgos que se corren encontramos al menos dos: 1) que la constitución no sea más una norma fundamental que por el hecho de ser escrita y «rígida» garantiza ciertos valores y sobre todo la limitación del poder, sino que la Constitución como se ha dicho sea lo que la Corte dice que es, a través de sus interpretaciones; y 2) que mediante un abierto ejercicio de usurpación democrática, los tribunales establezcan a través de sus interpretaciones una verdadera aristocracia, o en el peor de los casos una verdadera oligarquía, que ya algunos autores denominaron «el gobierno de los jueces».

Estas preocupaciones, consideramos que se reducen en la medida que encontremos un justo medio entre la postura conservadora y el activismo judicial, esto lo podemos encontrar en la figura un tanto opaca de la auto-restricción *«restraint»* judicial, como una técnica de mantener el ejercicio de los jueces dentro de un modelo equilibrado de *checks and balances*, que además se inserte dentro de las exigencias modernas de la democracia; si encontramos parámetros claros que den forma a ese autocontrol creemos que el problema de legitimidad de la justicia constitucional se reduce de manera tangible, pero si por el contrario, el autocontrol se nos revela como una quimera retórica que lo único que encubre es el poder ilimitado de los jueces, estaremos sujetos ya no más al gobierno de las leyes, postulado primigenio del Estado Constitucional, sino al gobierno de hombres, y en este caso el problema de la legitimidad se relativiza, llegando a constituir a lo sumo un problema de ciencia política o tal vez sociología jurídica que nos lleve al estudio de la legitimidad de los jueces a través de la reflexión argumentativa de sus resoluciones en referencia al contexto político y social en que se dan.

1.2. El papel de la justicia constitucional en la transición del Estado liberal al Estado social

Es comúnmente aceptado el hecho de que las revoluciones liberales de finales del siglo XVIII y principios del XIX, fueron pilares en la determinación del Estado moderno, entendido aquí como un Estado Liberal de Derecho, cuya política constitucional tuvo una nueva racionalidad jurídica y político-administrativa centrada en una tipología de estructuración basada en 1) la positividad de las normas, 2) la supremacía de la ley y 3) la división de poderes[13].

No obstante lo anterior, los logros en materia de reconocimiento de derechos mínimos de tipo liberal, social, y políticos que hacen posible la democracia moderna, se deben a un constitucionalismo «maduro» en que la aplicación real de los postulados democráticos-liberales, está garantizada por parte del Estado y la sociedad. En este sentido es que la justicia constitucional ha tenido una gran relevancia en la constitución eficaz de la realidad democrática, social y cultural del Estado moderno.

En efecto, el constante anhelo de la limitación del poder a través del respeto irrestricto de las instituciones democráticas y liberales siempre está inmerso en el texto constitucional, ya que, como reflexiona Diego Valadés, los límites residen en la adjudicación de competencias de los órganos públicos, mismos que deben ser verificados mediante instrumentos de control[14].

Es por esta razón que se han formulado una muy variada gama de instrumentos e instituciones tendientes a la protección y defensa de la Constitución. Estos pueden ser tanto políticos como jurídicos; y dentro de estos últimos encontramos desde instituciones legales *«in genere»* como lo son aquellas que siguen el modelo del *«ombudsman»* escandinavo, hasta verdaderos instrumentos jurídico-procesales que se hacen valer ante instituciones jurisdiccionales, como son los tribunales o cortes constitucionales.

Estos últimos instrumentos procedimentales de control constitucional han despertado entre diversos sectores de la doctrina, y a partir de su aparición en forma constante y sistemática después de la Segunda Guerra Mundial, un debate considerable sobre su calificación, ya que para unos no es lo mismo hablar de jurisdicción constitucional y justicia constitucional; y de igual forma se deben diferenciar aquellas de lo que se considera Derecho Procesal Constitucional.

---

13. RODRÍGUEZ SALON, Román Ramón, «Derecho, constitución y estado de derecho. La actualidad del derecho en la constitución del estado social y democrático de derecho. Una reflexión desde el derecho fundamental a la igualdad», *Anuario de Derecho*, No. 28, Enero 2011, p. 7, consultable en: http://vlex.com/vid/actualidad-reflexion-fundamental-igualdad-411845142

14. VALADÉS, Diego, *Constitución y Control Político*, en «Teoría de la Constitución, ensayos escogidos», Miguel CARBONELL (Compilador), Ed. Porrúa, México, 2002, p. 345.

Uno de los partidarios de esta diferenciación es el Dr. Fix Zamudio[15], quien distingue entre los términos jurisdicción y justicia constitucional. Él considera que el primero es únicamente aplicable a aquellos tribunales creados especialmente para resolver cuestiones controversiales de índole constitucional, y además estructuralmente separados del poder judicial común, como sería el caso de los tribunales constitucionales de España y Alemania; a su vez, relaciona la justicia constitucional con aquellos tribunales que tienen facultades de resolución de conflictos constitucionales, pero que se encuentran dentro de la organización del poder judicial ordinario, ejemplos de estos últimos son la Suprema Corte de Justicia de Estados Unidos de América y la similar de México[16].

No obstante lo anterior, tal y como refiere García Belaunde[17], en la actualidad el debate sobre el nombre de la disciplina ha ido perdiendo importancia doctrinal, y en general se ha consolidado el término Derecho Procesal Constitucional, pues refiere a todos aquellos instrumentos de carácter procedimental[18] referentes a la materia constitucional. Lo anterior se puede equiparar (siguiendo nuestra tradición jurídica romano-germánica) a la distinción entre Derecho Civil Sustantivo y Derecho Procesal Civil, ya que en esos términos hablamos de un Derecho Constitucional Sustantivo y un Derecho Procesal Constitucional.

Pues bien, estas instituciones del Derecho Procesal Constitucional, constituyen hoy en día verdaderos mecanismos de actuación constitucional, entendiendo por esto, la concretización de la Constitución mediante las resoluciones de los Tribunales o Cortes Constitucionales o Supremas[19], lo que desde luego hace patente la importancia de la justicia constitucional en el desarrollo del constitucionalismo contemporáneo.

---

15. FIX ZAMUDIO, Héctor, *Breves reflexiones sobre el concepto y el contenido del Derecho Procesal Constitucional,* en «Derecho Procesal Constitucional», (FERRER MAC-GREGOR, Coordinador), Ed. Porrúa, Segunda Edición, México, 2001, pp. 93-94.

16. Respecto a estas diferenciaciones se puede consultar también A GARCÍA BELAUNDE, Domingo, *De la Jurisdicción Constitucional al Derecho Procesal Constitucional*, en «Derecho Procesal Constitucional», (FERRER MAC-GREGOR, Coordinador), Ed. Porrúa, Segunda Edición, México, 2001.

17. *Ibídem.*

18. Independientemente de que sean aplicados por órganos especializados, por el poder judicial ordinario o incluso por órganos que no son formalmente judiciales, como es el caso de juicio político contemplado en el artículo 110 de la Constitución General de la República, en el cual tanto la Cámara de diputados como la de Senadores se erigen en órgano acusador y jurado de sentencia respectivamente.

19. HÄRBELE, Peter, «El Derecho Procesal Constitucional como Derecho Constitucional Concretizado frente a la judicatura del Tribunal Federal Constitucional alemán», en *Revista Iberoamericana de Derecho Procesal Constitucional Proceso y Constitución*, No. 1, Instituto Iberoamericano de Derecho Procesal Constitucional y Editorial Porrúa, México, Enero-Junio 2004, p. 19.

Ahora bien, como se ha dicho *supra*, este desarrollo puede, en términos generales tomar dos cauces distintos, ya que, o se da mediante el reconocimiento de ciertos valores fundamentales que condicionan la validez del orden constitucional o se opta por orquestar una estructura normativa que sólo se traduzca en reglas para dar forma a la toma de decisiones políticas.

Respecto a la primera opción, García de Enterría nos dice que:

> «La Constitución asegura una unidad del ordenamiento esencialmente sobre la base de un "orden de valores" materialmente expreso en ella y no sobre simples reglas formales de producción de normas. La unidad del ordenamiento es, sobre todo una unidad material de sentido, expresada en unos principios generales de Derecho, que o al intérprete toca investigar y descubrir, o la Constitución los ha declarado de manera formal, destacando entre todos, por la decisión suprema de la comunidad que la ha hecho, unos valores sociales determinados que se proclaman en el solemne momento constituyente como primordiales y básicos de toda la vida colectiva»[20].

En cambio una constitución meramente procedimental no responde a un concepto material de democracia basado en valores, sino más bien a lo que Bobbio denomina una definición «mínima» de democracia cuando refiere:

> «... es indispensable que aquellos que están llamados a decidir o a elegir a quienes deben decidir, se planteen alternativas reales y estén en condiciones de seleccionar entre una u otra. Con objeto de que se realice esta condición es necesario que a quienes deciden les sean garantizados los llamados derechos de libertad de opinión (...) Las normas constitucionales que atribuyen estos derechos no son propiamente reglas del juego: son reglas preliminares que permiten el desarrollo del juego»[21].

Para Kelsen es el valor del a libertad y no el valor de la igualdad el que define en primer lugar la idea de la democracia[22].

En este mismo sentido no deja de ser interesante la postura de Fernández-Miranda Campoamor cuando dice:

> «De aquí que el problema de la democracia, en cuanto gobierno del pueblo, sea siempre un problema de **reducción de la complejidad** para transformar un agregado de voluntades incoherentes en **una unidad de decisión**. Eso sólo puede hacerlo el derecho»[23]. (Las negritas son del autor citado).

20. García de Enterría, Eduardo, *op. cit.*, p. 103-104.

21. Bobbio, Norberto, *El futuro de la democracia*, Fondo de Cultura Económica, México, Tercera edición, 2001, p. 26.

22. Kelsen, Hans, *op. cit.*, p. 129.

23. Fernandez-Miranda Campoamor, *op. cit.*, p.21.

Lo anterior porque estos autores nos explican porque la regla de la mayoría en la democracia adquiere legitimación desde el respeto de los derechos de las minorías, según exponen:

> «Si se acepta lo expuesto; si se acepta que en un sistema democrático la voluntad de los más no tiene ninguna superioridad moral, ni científica, ni siquiera política sobre la libertad de los menos, habrá que encontrar en otros principios el fundamento de la legitimidad del sistema. Este, según creemos, se encuentra en la dignidad de la persona y, por tanto, en la libertad de todos. (...) Por tanto, es la libertad de todos lo que legitima la democracia, con el principio de las minorías, comenzando por el individuo como máxima minoría, y no la regla de la mayoría como fundamento del sistema. En otros términos, lo que legitima la decisión de los más es el hecho de haber sido tomada **desde la libertad y participación de todos**. Así, la regla de la mayoría deviene en un inevitable mecanismo de reducción de complejidad, pero jamás en un principio legitimador»[24]. (Las negritas son del autor)

Como puede apreciarse, el concepto de democracia procedimental está relacionado con el respeto y garantía de libertades mínimas necesarias para la formación de la voluntad política, pero en la actualidad la democracia es más que un proceso de toma de decisiones, implica un estado de igualdad y bienestar social basado en la dignidad humana.

Es por esto que coincidimos con Blancas Bustamante en que es un error identificar al Estado liberal con la democracia, ya que es una falacia considerar que con el advenimiento del Estado liberal se hayan instaurado también las democracias modernas basadas en el sufragio universal[25].

Ante esta panorámica, en la actualidad hay autores que incluso hablan de un concepto «amplio» de constitución, entendido como «orden jurídico fundamental del Estado y de la sociedad»[26], con lo que se supera la premisa fundamental del Estado liberal que separa y distingue en forma antagónica al Estado de la sociedad.

Ahora bien, independientemente de las diversas concepciones de constitución, lo que es un hecho indiscutible es que el Estado moderno ha mutado de ser un Estado meramente liberal a ser un Estado Social, tal y como afirman Carbonell y Ferrer MacGregor cuando dicen:

> «...la constitucionalización del Estado social es una tendencia firme del constitucionalismo contemporáneo, que ha conllevado un cambio de paradigma para el

24. *Ibídem*, p. 27.

25. BLANCAS BUSTAMANTE, Carlos, *La cláusula de Estado social en la Constitución. Análisis de los Derechos Fundamentales laborales*, Pontificia Universidad Católica del Perú, 2011, p. 28.

26. HÄRBELE, Peter, *El Estado constitucional,* Tr. Héctor Fix-Fierro, Universidad Nacional Autónoma de México, 2003, p. 3.

constitucionalismo y para la democracia, quizá el más importante en el desarrollo del Estado constitucional en el siglo XX, con el objetivo de proteger de mejor manera valores esenciales de las sociedades modernas; tales valores, bajo ese nuevo paradigma, adquieren una protección inédita en otros tiempos al ser reconocidos como derechos fundamentales»[27].

Por lo anterior, es claro que la democracia moderna requiere no sólo la garantía de libertades mínimas, pues la exigencia de justicia que refiere la denominada cláusula de «Estado social» tiene como efecto directo incorporar a los fines del Estado el deber de procurar a cada persona un »mínimo existencial» y construir unas relaciones sociales justas[28].

Precisamente la definición de un mínimo existencial dentro de un marco de dignidad de las personas y justicia social, es uno de los problemas más difíciles que afronta el Estado, y en especial la judicatura constitucional, pues si bien en principio esta «cuestión social» constitucionalmente se dirige al legislador y al gobierno, lo cierto es que ante su omisión o fracaso, se vuelve imperativo que los tribunales constitucionales resuelvan sobre la exigencia de derechos fundamentales de índole social, pues parece claro que cada vez nos alejamos más de la idea de que existen normas constitucionales de eficacia indirecta, mismas que según Zagrebelsky tienen la naturaleza de ser mandatos al legislador de tres tipos a saber: a) normas de eficacia diferida, b) normas de principio y c) normas programáticas[29]; por el contrario, ha tomado fuerza la idea de que todas las normas constitucionales por su naturaleza de supremas y fundamentales, son de eficacia directa.

En el derecho español, según indica Pérez Royo mediante un análisis de diversas sentencias del Tribunal Constitucional, este órgano jurisdiccional:

> «...ha reafirmado desde un primer momento y de manera continuada el carácter de norma jurídica que tiene la Constitución en su totalidad, poniendo además de manifiesto que se trata de derecho inmediatamente aplicable sin necesidad de desarrollo legislativo alguno en muchos casos (...) El TCE rechaza, pues, cualquier interpretación de la Constitución que pueda conducir a distinguir dentro de ella auténticas normas jurídicas y normas programáticas, afirmando de manera solemne el carácter jurídico del texto constitucional en su integridad»[30].

---

27. CARBONELL, Miguel y FERRER MAC-GREGOR, Eduardo, *Los Derechos Sociales y su Justiciabilidad Directa*, Flores Editor y Distribuidor, S.A. de C.V., México, 2014, p. 20.

28. BLANCAS BUSTAMANTE, Carlos, *op. cit.*, p. 65.

29. ZAGREBELSKY, Gustavo, *La constitución y sus normas,* Tr. Manuel Ferrer Muñoz, en «Teoría de la Constitución», Miguel CARBONELL (Coordinador), Editorial Porrúa, México, Segunda edición, 2002, pp. 79-81.

30. PÉREZ ROYO, Javier, «La doctrina del Tribunal Constitucional sobre el Estado Social», en *Revista Española de Derecho Constitucional*, Año 4, No. 10, Enero-abril 1984, p. 171.

Sin embargo consideramos que debemos ser objetivos en cuanto a la viabilidad de las nuevas exigencias que nos plantea la *cuestión social,* ya que como indica Alfonso Fernández-Miranda Campoamor:

> «No obstante, cuando esta pretensión sociopolítica se quiere trasladar a una realidad jurídica o a una teoría del Derecho Constitucional, el resultado es desalentador. El derecho puede pretender, y aún condicionar, un resultado económico, lo que con toda evidencia no puede es determinarlo. El resultado final escapa a la mera precisión jurídica. El derecho puede facilitarla o dificultarla, lo que no puede es garantizarla»[31].

Por lo anterior, podemos decir que, aun aparentemente superada la fase de exigencia de respeto y garantía de derechos y libertades mínimos de libertad, la justicia constitucional toma un rol más activo en el proceso político y social, y esto desde luego plantea ciertos riesgos respecto a posibles excesos, no obstante consideramos que son más los retos en cuanto a la exigibilidad judicial de derechos sociales pues como afirma Julieta Rossi, esta «justiciabilidad» implica sobre todo una cuestión de voluntad política en la que los tribunales juegan un rol vital en la efectivización de los mismos[32].

En este contexto, el problema se agrava si tomamos en cuenta el crecimiento exponencial de los catálogos (sobre todo internacionales) de derechos humanos, pues los mismos no se limitan a derechos individuales y sociales, sino que amplían la esfera de exigencia a otros tipos como son los derechos económicos, culturales, de solidaridad y de protección de minorías vulnerables, tal y como reconoce Peces-Barba:

> «Junto a los derechos sociales aparecen desde la misma estructura intelectual los derechos específicos, que ya no son de todos sino que exigen un trato desigual para conseguir la igualdad y la equiparación con las personas que gozan de plenitud de derechos, de aquellos colectivos que se encuentran en la vida social en inferioridad de condiciones»[33].

Lo anterior como se dijo plantea interesantes retos al Estado moderno los cuales pueden ser afrontados política y jurídicamente, a nuestro ver en principio la respuesta debe provenir de los órganos eminentemente de gobierno, a través de leyes y políticas públicas que establezcan un equilibrio social en

31. FERNANDEZ-MIRANDA CAMPOAMOR, Alfonso, «El Estado Social», *Revista Española de Derecho Constitucional*, Año 23, No. 69. Septiembre-Diciembre 2003, P. 146.

32. ROSSI, Julieta, *Los Derechos Económicos, Sociales y Culturales. Los Tribunales de Justicia y Órganos Internacionales de Protección de Derechos Humanos en Cuestión de Voluntad Política*, en «Derechos económicos, sociales y culturales», Coordinadores Octavio Cantón J. y Santiago Corcuera C., Editorial Porrúa, México, 2004, p. 96.

33. PECES-BARBA, Gregorio, *Reflexiones sobre los derechos sociales,* en «Derechos sociales y ponderación» (Robert ALEXY), Fundación Coloquio Jurídico Europeo y Editorial FONTAMARA, Madrid-México, 2010, p. 91.

un ámbito democrático de libertad e igualdad, sin embargo nos encontramos con que, al no existir definiciones claras o voluntad firme por parte de los órganos políticos, el problema está siendo trasladado a los órganos de impartición de justicia, sobre todo a niveles superiores de control constitucional, que cada vez más frecuente dictan resoluciones de carácter político con efectos económicos, muchas veces también en forma general, subrogándose a los órganos legislativos y en apariencia vulnerando la división y equilibrio entre los poderes del Estado, puesto que con la interpretación constitucional, mucha veces se da una verdadera mutación del texto constitucional, es decir, una modificación no formal de la Constitución[34].

Es precisamente esto, lo que nos ha llevado a reflexionar sobre el papel de la justicia constitucional dentro del juego democrático del Estado moderno, encuadrando la actuación de los tribunales a veces como cortes «activas» o progresistas, y en otras como reaccionarias o conservadoras, dependiendo la posición ideológica que se tome, al margen de esto, consideramos interesante reflexionar acerca de sí ¿son las Cortes Supremas o Tribunales Constitucionales, al constituirse en garantes de los valores de la constitución, los nuevos entes portadores de la soberanía y en consecuencia su actuación es jurídicamente ilimitable, o bien existen límites? De partir de la existencia de límites, ¿son estos límites externos, políticos o jurídicos? O ¿Sólo queda apelar a lo que se ha dado en llamar autocontrol o auto-restricción judicial?

1.3. Conclusión del capítulo

Con la aparición del Estado moderno después de las grandes revoluciones de finales del siglo XVIII y principios del XIX, nace también un constitucionalismo basado ideológicamente en los principios de soberanía popular y limitación del poder estatal frente a todos los particulares; no obstante, ese nuevo constitucionalismo sólo dio verdaderos resultados mediante el principio de la garantía, en especial a través de los tribunales de control constitucional que mediante diversos procesos fueron gestando lo que hoy reconocemos como justicia constitucional o derecho procesal constitucional; a la par, y sobre todo después de la experiencia de la Segunda Guerra Mundial el constitucionalismo sufre una mutación importante desde el punto de vista material, pues los valores liberales e individualistas que lo venían informando, se ven adicionados por exigencias de justicia social, de derechos de minorías y grupos vulnerables, basados en el valor de la dignidad humana.

Lo anterior desde luego, impacta en el comportamiento de los tribunales, pues cada vez es mayor la incidencia de éstos en ámbitos que venían siendo restringidos a la representación política del parlamento, y en la actualidad

34. WONG MERAZ, Víctor Alejandro, *Constitución Mexicana. Reforma y Mutación.*, Editorial Porrúa, México 2010, p. 175.

existen fuertes tendencias a que los tribunales constitucionales dicten sentencias de gran trascendencia política y/o económica, a veces protegiendo a minorías aún en contra del sentir e intereses de mayorías políticas, esto plantea el problema de reflexionar sobre la existencia o no de límites para los mencionados tribunales constitucionales o cortes supremas, o en su caso, preguntarse sí sólo se cuenta con un principio de «auto-restricción» que se deja a la voluntad de los integrantes de dichos cuerpos judiciales.

CAPÍTULO 2

PANORÁMICA DE LA JUSTICIA CONSTITUCIONAL

2.1. El control constitucional en sus inicios

El término control según la real academia de la lengua española, proviene del francés *contrôle,* y desde el punto de vista lingüístico tiene al menos las siguientes acepciones a saber: Comprobación, inspección, fiscalización, intervención, dominio, mando, preponderancia, oficina, despacho, dependencia, etc., donde se controla[35].

Desde un punto de vista científico social nos remite a diversas formas o procedimientos que plantean una problemática compleja para el derecho y otras ciencias sociales que estudian el fenómeno del ejercicio del poder, y en este sentido si bien existen muy variados conceptos de control, desde nuestra perspectiva constitucional, coincidimos con Manuel Aragón en que todos tienen en común el referirse de alguna manera a la limitación del poder[36].

Sin embargo, tal y como refiere Diego Valadés[37], los problemas del poder tienen muchas causas y requieren soluciones muy complejas, por tal motivo debemos precisar que los instrumentos de control a que nos referimos en este apartado son únicamente aquellos que podríamos denominar jurídico-políticos, ya que en virtud de ellos se busca dar plena eficacia a la Constitución, entendida como norma política fundamental de un Estado.

Se dice qué el control constitucional está relacionado con lo que Fix Zamudio denomina la defensa de la Constitución, integrada por todos aquellos instrumentos jurídicos y procesales que se han establecido tanto para conservar la normativa constitucional como para prevenir su violación, reprimir su des-

35. Diccionario de la lengua española, vigésima segunda edición. (http://www.rae.es/rae.html)

36. ARAGÓN, Manuel, *op. cit.* pp. 120-121.

37. VALADÉS, Diego, *op. cit.*, p. 344.

conocimiento y, lo que es más importante, lograr el desarrollo y la evolución de las propias disposiciones constitucionales[38].

Esta defensa de la Constitución se presenta al menos desde el punto de vista jurídico-constitucional en tres planos a saber: El autocontrol de la Constitución, los instrumentos de protección de la Constitución y la justicia constitucional.

Consideramos que de alguna manera estos tres criterios se corresponden a las tres doctrinas de control constitucional referidas por Corwin como: ingenua, política o departamental y jurídica[39].

Sin embargo, en las tres, está siempre presente la intención de los creadores de las instituciones jurídicas de preservar el orden constitucional por considerarlo «supremo» o superior en relación a otras normas jurídicas; ahora bien, este razonamiento no es novedoso, tal y como refiere Mauro Cappelletti, cuando resalta el precedente ateniense de diferenciación entre las *nomoi* (ley) respecto de las *pséfismata* (decreto) con prevalencia de las primeras sobre las segundas[40].

De igual forma, esta argumentación se ha presentado constantemente respecto a diversas posiciones iusnaturalistas que parten de la idea de un derecho natural superior al cual debe adecuarse el derecho positivo, o bien, como sucedió en Inglaterra en el siglo XVII cuando se establece de manera muy ilustrativa la superioridad del *Common Law* Judicial, sobre los decretos del Rey y del Parlamento, según argumentos de Sir Edward Coke, en el célebre Bonham's case de 1610, discurso que, si bien fue opacado por los acontecimientos sobrevenidos en Inglaterra por la revolución de 1688, alcanzó a rendir frutos en las Colonias inglesas de América, donde se fue formando un sistema judicialista que vino a definir la *judicial review*, o si se quiere, el control judicial de la constitución, partiendo de la superioridad de la Constitución sobre las leyes ordinarias, tal y como fue esbozado por el juez Marshall en su sentencia de 1803, en el caso *Marbury vs. Madison*[41].

A partir de entonces queda definido al menos para el pueblo de Norteamérica el principio de supremacía constitucional, y el papel de los tribunales como guardianes de esa supremacía, sobre todo por lo que respecta a la protección de los derechos esenciales del hombre, ya que como afirma Blaine Free Moore:

> «The doctrine that the courts can declare what is or is not law for the other coordinate departments of the government in cases coming before them in the

38. FIX ZAMUDIO, Héctor, *et. al.*, *Derecho Constitucional Mexicano y Comparado,* Editorial Porrúa, Sexta edición, México, 2009, p. 184.

39. CORWIN, S. Edward, *COURT OVER CONSTITUTION A study of Judicial Review as an Instrument of Popular Government,* Gloucester, Mass., Peter Smith, 1957, p. 5.

40. CAPPELLETI, Mauro, *La Justicia Constitucional*, en «Obras», de Editorial Porrúa, tr. Luis Dorantes Tamayo, México, 2007, p. 42.

41. *Ibídem*, p. 49-54.

exercise of their ordinary jurisdiction; that the courts can check the activities of the legislative branch of the government in instances where that will determined by them to conflict with the fundamental written law, (...) questioning that power or doubting the legitimacy of its origin has been regarded as almost sacrilegious»[42].

Lo anterior como se dijo no fue una constante del constitucionalismo del siglo XIX, pues es bien sabido que en los países con sistemas jurídicos administrativistas pertenecientes a la familia del Civil Law, no fue inmediata la concepción de la Constitución como norma jurídica fundamental y suprema, y la consecuente necesidad de establecer un guardián de la misma sobre todo de carácter jurisdiccional.

Es en este sentido que surge el primer debate respecto a cuál es el papel de la Constitución en el sistema de fuentes, y quién debe ser el órgano indicado para hacer valer su supremacía sobre todo respecto a violaciones provenientes de diversos entes públicos como el gobierno y el parlamento.

Por ello, podemos afirmar que si en Norteamérica la eficacia de la Constitución se definió desde sus inicios, no fue de igual forma en Europa y algunos países de América, pues el movimiento constitucional fue un giro que en principio vino a establecer la libertad burguesa representada en el parlamento, contra los abusos del absolutismo monárquico, y esto trajo a su vez como consecuencia el establecimiento de la superioridad parlamentaria respecto al Rey, y el principio de legalidad como punto de partida de los sistemas jurídicos del siglo XIX.

Dentro de esta concepción decimonónica europea de Constitución, como documento político de libertad, surge la idea de que el defensor de la Constitución sea precisamente un órgano de tipo político, lo cual de por sí representaba ciertos problemas, en palabras de Schmit:

> «del eforato espartano, casi siempre con la inevitable referencia al *"quis custodiet ipsos custodes"*, no sin advertir que el defensor fácilmente se convierte en árbitro y señor de la Constitución, produciéndose, así, el peligro de una doble jefatura del Estado; en ocasiones se alude también a las consecuencias deplorables de una instancia inamovible, irresponsable, que puede decidir a su arbitrio»[43].

Pero el modelo que definió el control constitucional de esa época fue el de control político pues el mismo Schmit nos dice:

> «Otros proyectos e instituciones, como los de tribunos, censores y síndicos, pertenecen igualmente a este primer grupo de defensores de la Constitución. La segunda clase se apoya en el modelo del Senado romano, que con su misión dila-

---

42. FREE MOORE, Blaine, *The Supreme Court and Unconstitutional Legislation,* University Press of the Pacific, Honolulu, Hawai, 2002, reprinted from the 1913 edition, p. 11.

43. SCHMITT, Carl, *El defensor de la Constitución,* en «La polémica Schmitt/Kelsen sobre la justicia constitucional», Editorial Tecnos, España, 2009, p. 16.

toria y conservadora fue un defensor auténtico de la Constitución romana, y cuya autoridad debía sancionar los acuerdos del pueblo, para impedir transgresiones del orden constitucional y de los compromisos internacionales»[44].

Así es como Sieyés llega a su teoría del Senado Constitucional como defensor de la Constitución, en palabras de Fernández Segado:

> «La necesidad de un Jurado Constitucional se justifica sobre la base de una específica concepción de la Constitución: "Una Constitución —dice Sieyés en esta segunda intervención parlamentaria— o es un cuerpo de leyes obligatorias o no es nada". Consecuentemente, si es un código de leyes obligatorias, "resulta preciso preguntarse dónde residirá el guardián, la magistratura de ese código"»[45].

En este sentido tenemos que resaltar que el establecer un órgano político de control constitucional, es una idea que parte del reconocimiento de la misma como documento político más que jurídico pues la verdadera fuente del derecho, siguiendo el pensamiento Rousseau es la ley como expresión de la voluntad general, lo que desde luego motivó en un primer momento que el paradigma jurídico fuera el del formalismo legal, mismo que: a) Identifica el Derecho con la ley, olvidando otras posibles fuentes; b) Defiende la plenitud del ordenamiento jurídico, concibiendo siempre la posibilidad de hallar una solución justa dentro del propio sistema de Derecho; y c) Considera que la función judicial es de carácter lógico-declarativo o silogístico-formal, nunca creativa, limitándose el juez a ser, en la famosa expresión de Montesquieu, la boca por la que habla la ley[46].

Ahora bien, esta concepción eminentemente política de la constitución, que en Europa y en gran medida Latinoamérica, imperó durante el siglo XVIII y XIX, durante la primera mitad del siglo XX comienza a transformarse, tomando un mayor sesgo jurídico pero dentro de una concepción positivista, y aún más, para muchos más que positivista formalista, lo que también se ha dado en llamar paleopositivista[47].

En efecto, esta concepción de la constitución como norma base del sistema jurídico y su control formal debemos (al menos para fines del presente trabajo) analizarla aunque sea en forma breve (y sin detenernos a diferenciar la bipolaridad de los dos sistemas puros) destacando su desarrollo en Europa y sus notas distintivas en América (sobre todo y para fines del presente trabajo en México).

---

44. *Ibid.*, p. 19.

45. FERNÁNDEZ SEGADO, Francisco, *La Justicia Constitucional: Una visión de derecho comparado*, T. I., Dykinson, Madrid, 2009, p. 87.

46. FALCÓN Y TELLA, María José, *La interpretación lógica y sistemática de la ley.* En Teoría y práctica en la aplicación e interpretación del Derecho, Editorial COLEX, Madrid, 1999, p. 72.

47. PORTELA, Jorge Guillermo, «La relación entre moral y derecho en el paleopositivismo y el positivismo jurídico. Aportes para una crónica». En *Ius Humani. Revista de Derecho*, Vol. 4 (2014-2015).

2.1.1. Europa

Ha sido frecuentemente aceptado que la incipiente justicia constitucional en el continente europeo a finales del siglo XIX, principios del XX, se debió sobre todo al cambio de forma de Estado, de un modelo monárquico centralista a uno federal; es el caso por ejemplo de Alemania, donde tras la derrota definitiva de Napoleón el proceso de federalización hizo que de forma natural surgiera la necesidad de órganos jurisdiccionales encargados de «conciliar» o resolver los conflictos que se presentaren entre las entidades territoriales y la Federación[48].

De esta forma, como indica Fernández Segado:

> «La Constitución de Weimar, de 11 de agosto de 1919, no llegaría a contemplar el instituto del control de constitucionalidad; se limitaría a encomendar (en su art. 19) al Tribunal Supremo de Justicia del Reich el conocimiento de los litigios que no sean de Derecho privado entre diferentes Länder o entre el Reich y los Länder, y ello a requerimiento de una de las partes litigantes»[49].

En estos términos, es claro que no existía una verdadera justicia constitucional, y no obstante encontrar precedentes importantes como la sentencia del *Reichsgericht,* de 4 de noviembre de 1925, donde el Tribunal, si bien admite la sumisión del juez a la ley, no excluye que el juez pueda recusar la validez de una ley del *Reich*[50]*»,* no es sino hasta 1928 que aparece el trabajo de Hans Kelsen, cuando podemos apreciar efectivamente un modelo de «jurisdicción constitucional», partiendo de las siguientes bases:

A) La regularidad constitucional, pues establece que:

«Legislación y ejecución, no son dos funciones estatales coordinadas, sino dos etapas jerarquizadas del proceso de creación del Derecho, y dos etapas intermedias. Este proceso no se limita a la sola legislación sino, comenzando en la esfera del orden jurídico internacional, superior a todos los órdenes estatales, sigue con la Constitución para llegar, en fin, a través de las etapas sucesivas de la ley, del reglamento, de la sentencia y del acto administrativo, a los actos de ejecución material *(Vollstreckungsakte)* de estos últimos»[51].

Desde esta perspectiva cada grado del ordenamiento jurídico constituye a la vez una producción de Derecho, frente al grado inferior y una reproducción del Derecho, ante el grado superior[52].

---

48. FERNÁNDEZ SEGADO, Francisco, *op. cit.*, p. 96.

49. *Ibídem*, p. 106.

50. *Ibídem*, p. 107.

51. KELSEN, Hans, «La garantía jurisdiccional de la Constitución. (la justicia constitucional)», Tr. Luis Legaz Lacambra, en *Revista Iberoamericana de Derecho Procesal Constitucional*, No. 10, Ed. Porrúa, México, Julio-Diciembre 2008, p. 7.

52. *Ibídem*, p. 8.

B) Las garantías de regularidad del sistema, según Kelsen «constituyen los medios generales que la técnica jurídica moderna ha desarrollado con relación a la regularidad de los actos estatales en general. Las garantías son preventivas o represivas, personales u objetivas»[53].

Sin necesidad de analizar los tipos de garantías expuestos por Kelsen, es bien sabido que el modelo de garantía constitucional que este autor propuso fue a través de un órgano autónomo del parlamento, de naturaleza formal jurisdiccional pero que en principio Kelsen considera una especie de auxiliar parlamentario, o bien un legislador negativo, en sus propias palabras:

> «Cierto que la anulación de un acto legislativo por un órgano distinto al órgano legislativo constituye una invasión al "poder legislativo", como se dice habitualmente. Pero el carácter problemático de esta argumentación se ve más claramente si se considera que el órgano al que se confía la anulación de las leyes inconstitucionales, no ejerce, propiamente, una verdadera función jurisdiccional, aun cuando tenga —por la independencia de sus miembros— la organización de tribunal. (...) Ahora bien, anular una ley equivale a crear una norma general, puesto que la anulación de una ley tiene el mismo carácter de generalidad que su confección. (...) la anulación de una ley es, entonces, una función legislativa y el tribunal que tiene el poder de anular las leyes es, por consiguiente, un órgano del Poder legislativo»[54].

Lo anterior es congruente con la concepción sistémica formalista creada por Kelsen en su *Teoría Pura del Derecho*, pues con base en la misma, el control de constitucionalidad de las leyes no es más que el resultado de una cláusula de subsidiariedad del propio sistema, ya que si existe una contradicción lógica entre dos normas de diferente grado de este sistema, si están en vigencia tanto la constitución como la ley que la infringe, tanto la ley como la sentencia que la contradice, se habría perdido entonces la unidad del orden jurídico, por ello, la norma inferior contraria a la constitución no se puede considerar nula, sino que ha de valer hasta que sea anulada por la instancia creada para ello, esto es, el tribunal constitucional[55].

Es entonces cuando el autor sugiere lo que se ha dado en llamar cláusula subsidiaria, que es explicada de la siguiente forma:

> «Lo que se llama "inconstitucionalidad" de la ley no es, por tanto, una contradicción lógica en que se encuentre el contenido de una ley con el contenido de la constitución, sino una condición estatuida por la constitución para la iniciación de un procedimiento que conduce, o a la derogación de la ley —hasta entonces válida y por ende constitucional— o al castigo de un órgano determinado»[56].

53. *Ibídem*, p. 16.

54. *Ibídem*, p. 24.

55. *Cfr.* KELSEN, Hans, *La Teoría Pura del Derecho,* Editorial Época, S.A. de C.V., México, pp. 120-121.

56. *Ibídem*, p. 122.

Pues bien, es (desde el punto de vista ideológico más que procesal) con estas características que nace el control constitucional en la Europa del siglo XX, noción que como veremos *infra* cambiará de manera sustancial a partir del fin de la Segunda Guerra Mundial.

2.1.2. América

A diferencia de lo sucedido en Europa, en América, concretamente en los Estados Unidos, desde el inicio de vigencia de su constitución, el pueblo y los padres fundadores aceptaron (no sin cierta oposición) la naturaleza de ley fundamental de la Constitución y la necesidad de establecer un control por vía judicial que tendiera a garantizar la prevalencia de la misma sobre todo frente a leyes emitidas por el Congreso.

Tal y como explica Pizzorusso en cuanto a la diferencia entre el sistema americano y el europeo, se puede decir:

> «... mientras en los Estados Unidos de Norteamérica la judicial review of legislation nace de la idea iusnaturalista de la existencia de un conjunto de derechos fundamentales inalienables e intangibles para el legislador, en Europa la Verfassungsgerichtsbarkeit se presentó como una extensión a los actos legislativos del control de legalidad que ya había sido introducido para los actos administrativos, en aplicación del principio del Rechtsstaat. La "legalidad constitucional" deviene, pues, en una prolongación y un perfeccionamiento de la legalidad tout court y se desarrolla según reglas que, en gran parte, siguen los esquemas propios de la justicia administrativa o de la justicia ordinaria. Según la tesis kelseniana que está en la base de esta evolución, la Constitución se refuerza por el hecho de estar colocada en un escalón superior a la ley ordinaria en la jerarquía de las fuentes del derecho, y no por el hecho de ser portadora de un conjunto de valores sobre los cuales se funda no solamente un sistema jurídico, sino toda una sociedad»[57].

Desde sus inicios, y para comprender el sistema americano es indispensable revisar los célebres comentarios hechos por Hamilton al respecto en el periódico LXXVIII del Federalista, de los cuales resaltamos los siguientes:

> «La independencia completa de los tribunales de justicia es particularmente esencial en una Constitución limitada. Por Constitución limitada entiendo la que contiene ciertas prohibiciones expresas aplicables a la autoridad legislativa (...) Las limitaciones de esta índole sólo pueden mantenerse en la práctica a través de los tribunales de justicia, cuyo deber ha de ser el declarar nulos todos los actos contrarios al sentido evidente de la Constitución»[58].

---

57. PIZZORUSSO, Alessandro, *Justicia, Constitución y Pluralismo,* Editorial Palestra, Segunda edición, Perú, 2007, pp. 40-41.

58. Hamilton, Alexander, *El Federalista,* Fondo de Cultura Económica, Tr. Gustavo R. Velazco, México, segunda edición en español, 2001, p. 331.

También se resalta que desde el inicio se consideró que la judicatura es el poder encargado de salvaguardar los derechos de las personas y la supremacía del a Constitución a través de su correcta interpretación, tal como se lee más adelante:

> «Es mucho más racional entender que los tribunales han sido concebidos como un cuerpo intermedio entre el pueblo y la legislatura, con la finalidad, entre otras varias, de mantener a esta última dentro de los límites asignados a su autoridad. La interpretación de las leyes es propia y peculiarmente de la incumbencia de los tribunales. Una Constitución es de hecho una ley fundamental y así debe ser considerada por los jueces. (...) Y si ocurriera que entre las dos hay una discrepancia, debe preferirse, como es natural, aquella que posee fuerza obligatoria y validez superiores; en otras palabras, debe preferirse la Constitución a la ley ordinaria, la intención del pueblo a la intención de sus mandatarios»[59].

Fue precisamente esta línea de pensamiento la que siguió el Juez Marshall en su célebre sentencia del caso Marbury, cuando dice:

> «So if a law be in opposition to the constitution; if both the law an the constitution apply to a particular case, so that the court must either decide that case conformably to the law, disregarding the constitution; or conformably to the constitution, disregarding the law; the court must determine which of these conflicting rules governs the case. This is of the very essence of judicial duty. If then,... the constitution is superior to any ordinary act of the legislature, the constitution, and not such ordinary act, must govern the case to which they both apply»[60].

Como se puede observar, fue de esta forma como los norteamericanos de finales del siglo XVIII resolvieron el conflicto entre el poder del pueblo (a través de las mayorías parlamentarias) y la supremacía de la Constitución como límite a esa soberanía popular, tal y como lo refiere Robert G. McCloskey:

> «American pamphleteers has insisted on the principle of home rule; the Declaration of Independence had founded just government on the consent of governed; the next and natural step was to regard the people as no only a consenting but a willing entity and to declare, as Jefferson later said, that the will of the majority is in all cases to prevail. (...) the will-of-the-people concept was now firmly planted in American minds as one of the premises of political thinking. Yet plainly that concept conflicted with the doctrine of fundamental law which was also, and concurrently, treasured by Americans. Popular sovereignty suggests will; fundamental law suggests limit»[61].

---

59. *Ibídem*, p. 332.

60. NELSON, E. William, *Marbury v. Madison. The Origins and Legacy of Judicial Review*, University Press of Kansas, USA, 2000, p. 64.

61. MC CLOSKEY, G. Robert, *The American Supreme Court,* The University of Chicago Press, USA, 1960, p. 12.

Sin embargo esta conciliación no fue tan pacífica como se pudiera pensar, pues entre los antifederalistas se levantaron voces que denunciaban el peligro de otorgar esas facultades a los jueces, así podemos mencionar a Robert Yates, quien advirtió el peligro de que los jueces que emitieran jucios políticos en el ejercicio de la revisión judicial se convertieran de hecho en responsables de la formulación de políticas con una superioridad práctica sobre la legislatura[62].

Es por esto que desde Marshall se estableció, (y perduro al menos por medio siglo), la doctrina de los límites de la judicatura para resolver «*political cuestions*», tal y como refiriera Nelson:

> «Judicial review was so uncontroversial during the early nineteenth in part because judges and lawyers, as they adopted the doctrine, articulated a rationale for it that was consistent with basic American political assumptions and also because courts in the first two decades of the century did not use the doctrine, as they do today, to determine conflicting issues of social policy»[63].

Desde luego que la realidad norteamericana respecto a la función de los jueces ha cambiado radicalmente desde la segunda mitad del siglo XIX hasta nuestros días, y eso precisamente es lo que ha contribuido al debate sobre el activismo de los jueces o bien respecto a la difusa idea de la auto-restricción judicial, el famoso *self-restraint*, aspectos que serán analizados *infra* en el presente trabajo.

Por ahora consideramos oportuno hacer una reflexión sobre cómo se concibió en sus inicios y se ha venido desarrollando la idea de la constitución y su función en México, pues, aunque pudiéramos pensar que nuestro sistema ocupó un lugar intermedio entre el paradigma Europeo y el Norteamericano, la realidad nos muestra que estamos (o quizá estuvimos) más cerca del modelo de concepción política de constitución o bien del paradigma paleopositivista de la primera mitad del siglo XX en Europa.

2.1.3. México

El constitucionalismo mexicano durante la primera mitad del siglo XIX estuvo impregnado por la ideología Rousseauniana de la soberanía popular y el desarrollo Francés del control político de la Constitución, pues los primeros documentos constitucionales otorgaban al Congreso esa facultad o incluso se llegaron a crear órganos políticos de control como fue el Supremo Poder Conservador de las Siete Leyes Constitucionales de 1836.

62. *Cfr.* NELSON, E. William, *op. cit.*, p. 67.

63. *Ibídem*, pp. 75-76.

No obstante lo anterior, como es bien sabido, entre 1840 y 1847, se estructuro el juicio de amparo como un medio de control constitucional a favor de los gobernados pero limitado por diversas razones a saber:

1) Su procedencia se limitaba a violaciones a las garantías individuales, razón por la cual, la parte orgánica de la Constitución quedaba sin protección;

2) El principio de relatividad de la sentencia de amparo, mismo que perduro de manera intacta desde 1847 hasta el 02 de abril de 2013, ya que la nueva ley de amparo de esa fecha lo modifica parcialmente, sin embargo es necesario identificarlo y lo hacemos con las palabras de Ignacio Burgoa que indica:

> «Ese principio, que reproduce ideológica y gramaticalmente la fórmula creada por don Mariano Otero acerca de los efectos relativos de las resoluciones dictadas en los juicios de amparo, consignada en el artículo 25 del Acta de Reformas de 47, está concebido de la siguiente manera: La sentencia será siempre tal, que sólo se ocupe de individuos particulares, limitándose a ampararlos y protegerlos en el caso especial sobre el que verse la queja, sin hacer una declaración respecto de la ley o acto que la motivare»[64].

Efectivamente este principio condicionó la validez de las declaraciones de inconstitucionalidad por parte de los jueces de amparo, únicamente con efectos a los casos individualmente planteados, sin que la jurisprudencia alcanzara a impactar de una manera similar a la fuerza del precedente y del *stare decisis* del sistema Norteamericano.

No fue sino hasta 1994, con las reformas a la estructura de la Suprema Corte y la modificación de las controversias constitucionales (cuestiones competenciales) así como la creación de las acciones de inconstitucionalidad, que se planteó por primera vez la posibilidad de que la Corte emitiera declaraciones de inconstitucionalidad con efectos generales, aunado a esto, como ya se dijo, el 02 de abril de 2013 se emite la nueva Ley de Amparo, que ya contempla también esta posibilidad.

3) La improcedencia del amparo en materia política; al parecer, los tribunales mexicanos recogieron la fórmula de autolimitación en materia de *political cuestions* de la Corte Norteamericana, pero llevándola al extremo de establecer la improcedencia del juicio de amparo para proteger derechos políticos, pues desde el 06 de agosto de 1881, mediante la sentencia del célebre amparo de «Salvador Dondé», quedo resuelta la polémica Iglesias-Vallarta a favor de este último, quién argumentaba qué, cuando la Constitución exige que los actos de molestia sean emitidos por autoridades competentes, la competencia que debían verificar los tribunales de amparo se restringía a la jurídica, es decir, la procedente de la Constitución y las leyes, y no se refería a la legitimidad política del titular del órgano de autoridad como pretendía

64. BURGOA, O. Ignacio, *El Juicio de Amparo,* Editorial Porrúa, México, Trigésima edición actualizada, 1998, p. 276.

Iglesias, de ahí que desde entonces se desechó la tesis de incompetencia de origen defendida por este último[65].

Ese argumento se vio reforzado por el hecho de considerar que el amparo se había constituido como un medio de protección de las garantías individuales, las que se entendían como derechos civiles, con lo que se excluía la protección de los derechos políticos[66].

En este sentido, tal y como Burgoa afirma, existe una aparente tesis jurisprudencial en el sentido de que el amparo no procede por violación a derechos políticos, invocándose en ella como fundamento que éstos no son garantías individuales[67].

Esa tesis comentada refiere en lo conducente que cualquier infracción de un derecho político, como es el de votar o ser votado en elección popular, no puede remediarse por medio del juicio político de garantías, supuesto que no constituye la violación de una garantía individual[68].

No fue sino hasta el último cuarto del siglo XX que se estableció en México un sistema de protección de los derechos políticos de los ciudadanos.

Ahora bien, estas limitantes jurídicas del juicio de amparo fueron además agravadas por el contexto político del país, pues ni siquiera en los casos formalmente procedentes del amparo podemos hablar de la existencia de un efectivo medio de control constitucional a favor de los gobernados, es decir, la constitución no fue vista como una verdadera norma fundamental, esto trajo entre otras cosas como consecuencia durante la segunda mitad del siglo XIX, un régimen de opresión y miseria históricamente reconocido que propicio el movimiento revolucionario de 1910-1917, y que concluyó con la Constitución vigente, misma que recoge por primera vez (desde el punto de vista universal) en su texto derechos económico-sociales, pero que también instauró un régimen político que, lejos de considerar a la Constitución como una norma fundamental normativamente efectiva, le dio el sesgo de programa político legitimador del mismo régimen en el poder.

Tal y como comenta (desde un punto de vista externo) Alfonso Fernández-Miranda:

> «La constitucionalización del Estado social, aunque no de forma explícita, tiene su primera manifestación en la Constitución mexicana de Querétaro (1917) y en la alemana de Weimar (1919). (...) El fracaso de ambas pretensiones es sobradamente conocido. En el caso mejicano porque el problema político previo, la posibi-

---

65. FERRER MAC-GREGOR, Eduardo, *Panorámica del Derecho procesal constitucional y convencional, Marcial Pons,* Madrid, 2013, p. 402.

66. *Ibídem*, p. 402-403.

67. BURGOA, O. Ignacio, *op. cit.*, p. 451.

68. *Ibídem*, p. 452.

lidad real del Estado democrático bajo un sistema de monopolio partidista. Lo que fracasó, en notable medida, fueron los propios presupuestos lógicos del Estado social de derecho: el Estado de derecho sin más, y el Estado democrático»[69].

Desde una opinión interna podemos reflexionar lo analizado por José Ramón Cossío cuando se refiere al desarrollo del partido hegemónico del siglo XX en México, es decir el PRI, que al dominar la integración de todos los órganos de representación del Estado, tuvo el control de la determinación de todas las normas jurídicas, incluyendo las constitucionales, así como también el control sobre la validez de las mismas[70].

Al margen del contexto político referido, desde el punto de vista puramente jurídico, encontramos que durante el siglo XX, el entendimiento del derecho y la Constitución en México estuvo dominado por una concepción positivista-formalista.

Felipe Tena Ramírez, al definir la Constitución en principio hace referencia al sentido material definido por Kelsen entendiendo que «está constituida por los preceptos que regulan la creación de normas jurídicas generales y especialmente la creación de leyes»[71].

Ahora bien este autor no refiere un concepto propio de Constitución, pues se limita a señalar que «la creación y organización de los poderes públicos supremos, es el contenido mínimo y esencial de toda Constitución»[72].

En relación al control constitucional este reconoce expresamente las deficiencias del sistema mexicano hasta antes de 1994, cuando menciona lo siguiente:

> «...la defensa de la Constitución sólo puede hacerse en México en el juicio de amparo; la defensa así lograda es primordialmente del individuo y sólo indirecta, secundaria y limitadamente de la Constitución. Si en México llegara a ser un problema el choque de los Poderes Federales entre sí o de la Federación con los Estados, el amparo no serviría para resolverlo, porque su empleo a favor de uno o varios particulares, sería ineficaz para restablecer la armonía entre los poderes en pugna. Tampoco la respetabilidad del precedente asentado por la Corte, esto es, la reiteración de una misma tesis sustentada en varios amparos, que es lo que se llama la jurisprudencia, podría aprovecharse para resolver el antagonismo de índole constitucional entre los poderes, porque éstos no están obligados a acatar la jurisprudencia como mandamiento general, sino únicamente cada sentencia, en

---

69. Fernández-Miranda Campoamor, Alfonso, *El Estado Social,* p. 151.

70. *Cfr.* Cossío, José Ramón, *Dogmática constitucional y Régimen autoritario,* Distribuciones Fontamara, S.A., México, 1998, pp. 36-38.

71. Tena Ramírez, Felipe, *Derecho Constitucional Mexicano,* Editorial Porrúa, Vigésima segunda edición 1987, consultado en la Trigésima cuarta reimpresión, México, 2001, p. 22.

72. *Cfr. Ídem.*

el caso concreto a que ella se refiere. (...) Y es que el amparo —hemos dicho en otra ocasión— no es por su naturaleza control de constitucionalidad, sino defensa del individuo»[73].

Como se puede observar, si tomamos en cuenta el pensamiento de Tena Ramírez, en México no se contaba con una Constitución, entendida como norma fundamental y debidamente garantizada, pues por un lado explica que el mínimo contenido de una Constitución es el de crear y organizar los poderes públicos, y por el otro reconoce que no existían medios de control constitucional que permitieran resolver los conflictos entre los mismos poderes armonizando su actuar conforme a lo establecido en la Carta Magna.

Ahora bien, ya con posterioridad a la reforma de 1994 que dota a la Corte de un verdadero carácter de Tribunal Constitucional y refuerza los instrumentos procesales de control constitucional mediante las Controversias Constitucionales y las Acciones de Inconstitucionalidad, seguimos encontrando varios estudiosos que conciben a la Constitución y al control de constitucionalidad sólo en términos formales, sirvan de ejemplo, los siguientes:

Ulises Schmill comenta lo siguiente:

«Si el derecho positivo se estructura como un orden jerárquico de normas, debe darse el criterio que permita señalar qué norma es superior a otra norma. Este criterio es el siguiente: una norma es **superior** a otra si determina el proceso de creación y el contenido de ésta. Correlativamente, norma **inferior** es aquella que ha sido creada conforme al procedimiento establecido por norma superior y con el contenido que ésta determina. El orden jerárquico del derecho consiste en una serie escalonada de normas en el que cada grada de esa estructura es una norma superior respecto de otras. Una norma que en una determinada relación jerárquica desempeña el papel de norma superior, puede tener el carácter de norma inferior en una relación jerárquica normativa distinta. (...) La regularidad es la relación de concordancia (no contradicción) entre normas o conjuntos normativos de diverso grado jerárquico. Si la norma superior que se tiene en consideración para medir la regularidad de una norma inferior es la norma general de la ley, se habla de "legalidad" o "ilegalidad", si es la Constitución se habla de "constitucionalidad" o "inconstitucionalidad"»[74].

Con un criterio de menor puridad jurídica pero aún dentro del formalismo positivista encontramos lo expuesto por Sánchez Bringas cuando nos define lo que entiende por Constitución y norma constituyente:

«La Constitución es la norma constituyente, reguladora de la validez del sistema jurídico y determinante de las bases organizativas del Estado y de los fenómenos

73. *Ibídem*, pp. 519-521.

74. SCHMILL, Ulises, *Fundamentos teóricos de la Defensa de la Constitución en un Estado Federal,* en «La Defensa de la Constitución», José Ramón Cossío y Luis M. Pérez de Acha (Compiladores), Distribuciones Fontamara, S.A., Segunda Edición, México, 2000, pp. 27-29.

políticos fundamentales de la sociedad. (...) la norma constituyente tiene su validez jurídica sólo en la medida en que alcanza positividad en las normas inferiores; su validez depende de la circunstancia de que se aplique[75]».

Con relación a lo expuesto por estos autores, es pertinente aclarar que no se desconoce la importancia de los principios de fundamentalidad y regularidad constitucional, lo que ha sido puesto en tela de juicio en años recientes es el exceso de formalismo y la viabilidad del criterio interpretativo de mera subsunción, basado en la idea de norma jurídicas (especialmente constitucionales) claras y precisas cuya aplicación se da de manera lógica y acrítica sin tomar en cuenta circunstancias político-sociales y sin emitir juicios de moralidad al respecto.

La crítica ha desbocado en la idea principal de que la Constitución tiene una dimensión axiológica basada en el establecimiento normas de naturaleza ambigua con carácter de principios, y estableciendo como método de mayor eficacia interpretativa el de «ponderación», el cual es en mayor medida por conducto de la interpretación que hacen los jueces de la constitución, esto es parte de lo que para muchos ha sido entendido como un «neo-constitucionalismo».

2.2. El neo-constitucionalismo

Previo al desarrollo del presente parágrafo debemos hacer la aclaración respecto al debate y falta de uniformidad respecto a la aceptación o no, del término neoconstitucional, pues para muchos teóricos desde el punto de vista científico no se puede sustentar un nuevo constitucionalismo sino que estamos en presencia de una ideología o en el mejor de los casos una «moda» doctrinal, referida por algunos autores para tratar de dar un sesgo novedoso a una problemática ya antigua pero que sigue en vías de desarrollo científico y jurisprudencial.

Independientemente del problema de la pertinencia del término, lo que algunos autores denominan neoconstitucionalismo nos remite a temas de interés en el presente trabajo, como son: 1) la concepción de Constitución como una norma de eficacia directa integrada por reglas, principios y valores; 2) el papel preponderante de los jueces como intérpretes últimos de la misma; y 3) los métodos de interpretación constitucional ligados a la ponderación y razonabilidad, de las decisiones sobre todo en los llamados «casos difíciles», lo que a nuestro entender, tal y como analizaremos en su oportunidad, constituyen un caldo de cultivo excelente para que se propicie el fenómeno conocido como activismo judicial.

75. SÁNCHEZ BRINGAS, Enrique, *Derecho Constitucional,* Editorial Porrúa, Primera edición, México, 1995, pp. 132-133.

Creemos oportuno reflexionar en torno al hecho de que es especialmente en Latinoamérica más que en Europa y Estados Unidos donde ha habido una mayor aceptación del término «neoconstitucionalismo», lo cual consideramos se debe a las siguientes razones:

a) Si tuviéramos que precisar un punto de inicio del neoconstitucionalismo muy seguramente lo sería la Europa de la segunda postguerra, especialmente por las Constituciones de Alemania, Italia, Francia y un poco más reciente de España y Portugal, mismas que tienen como común denominador el reconocer a la dignidad humana como principio legitimador del ordenamiento; por esta razón es más debatible el término en Europa, pues el nuevo paradigma viene impuesto en sus Constituciones y la jurisprudencia que han venido forjando sus propios Tribunales Constitucionales, sin embargo, si nos detenemos a hacer un análisis del entendimiento de las constituciones anteriores (incluso las de entre guerras) es claro el cambio cualitativo que se ha desarrollado;

b) Estados Unidos es quizá el único país que con mayor autoridad puede negarse a hablar de un neoconstitucionalismo, pues independientemente de los altibajos jurisprudenciales de la Corte Federal, el papel de los jueces y la eficacia de la Constitución han sido congruentes desde sus orígenes con el desarrollo político de ese país, pues se debe reconocer que una vez pasado el periodo de auto-restricción de cincuenta y cuatro años entre la sentencia del caso Marbury y la dictada en el caso Dred Scott[76], la Corte ha sido consistentemente activa (aunque a veces en forma reaccionaria) en resolver todo tipo de controversias incluso las *political cuestions*, en un principio consideradas fuera de su competencia.

c) En el caso Latinoamericano es más evidente el cambio de paradigma, el ejemplo mexicano nos ilustra, tal y como se explicó *supra* es reciente el cambio de entendimiento del papel de la Constitución y del rol de la judicatura en su protección, pues no obstante que nuestra Constitución tiene más de cien años de vigencia, no es sino hasta 1994, (es decir casi treinta años) que la Corte asume un papel más activo en la protección del orden constitucional, sin embargo, hay que reconocer que este nuevo rol es todavía incipiente y falta mucho para consolidar un Estado democrático y Social de Derecho.

Una vez hecha la aclaración anterior debemos tratar de especificar qué se entiende por neoconstitucionalismo y para ello podemos comenzar con la idea expuesta por Prieto Sanchís respecto a que este nuevo constitucionalismo es una combinación entre las dos tradiciones más conocidas de

76. WATSON, Richard A., *Democracia Americana, logros y perspectivas,* Tr. Ricardo Calvet Pérez, Noriega Editores, México, 1989, p. 477.

constitucionalismo, por un lado la tradición americana judicialista que ve la Constitución como una norma que establece las reglas del juego social con un pacto de mínimos democráticos, igualitarios y de libertad, cuyo mayor aporte es la supremacía de la Constitución y la garantía jurisdiccional de la misma, es decir, la eficacia directa exigible ante los tribunales, y por el otro, la tradición Europea decimonónica que entendió la Constitución como un programa político a desarrollar portador de los más grandes y mejores ideales así como los valores políticos de la sociedad[77], esta dialéctica la concretiza cuando dice:

> «El neoconstitucionalismo reúne elementos de estas dos tradiciones o de estos dos modos de concebir la función de la ley fundamental: fuerte contenido normativo y garantía jurisdiccional. De la primera de estas tradiciones se recoge la idea de garantía jurisdiccional y una correlativa desconfianza ante el legislador; (...) De la segunda tradición se hereda, sin embargo, un ambicioso programa normativo que va bastante más allá de lo que exigiría la mera organización del poder mediante el establecimiento de las reglas del juego»[78].

Desde esta perspectiva es interesante el planteamiento del autor, pues indica además que lo que hace el nuevo paradigma es «rematerializar» los contenidos de la Constitución agregando la garantía jurisdiccional de la misma, por lo que concluye:

> «...la rematerialización de la Constitución supone un desplazamiento de la discrecionalidad desde la esfera legislativa a la judicial; bien es verdad que no se trata ya de la misma discrecionalidad, y la diferencia debe o debería ser esencial: la del legislador ha sido siempre una discrecionalidad inmotivada, justificada en el mejor de los casos en su legitimidad democrática, mientras que la del juez pretende venir domeñada por una depurada argumentación racional»[79].

Por último el autor nos refiere cuales son las características que a su juicio integran este paradigma de constitucionalismo fuerte, las cuales son:

> «Primero, carácter normativo o fuerza vinculante. (...)
> Segundo, supremacía o superioridad jerárquica en el sistema de fuentes. (...)
> Tercero, eficacia o aplicación directa. (...)
> Cuarto, garantía judicial. (...)
> Quinto, presencia de un denso contenido normativo que tiene como destinatarios a los ciudadanos en sus relaciones con el poder y también, con las modulaciones que se quieran y que nacen de la propia Constitución, en sus relaciones horizontales de Derecho privado; contenido normativo que está formado por prin-

77. Prieto Sanchís, Luis, *Justicia Constitucional y Derechos Fundamentales,* Editorial Trotta, Madrid, 2003, pp. 107-108.

78. *Ibídem,* pp. 109-110

79. *Ibídem*, p. 115.

cipios, derechos y directrices, más o menos precisos, pero que, siempre que resulten relevantes, están llamados a su aplicación a los casos concretos. (...)

Y en sexto y último lugar, la rigidez constitucional»[80].

Entre los autores mexicanos, José Ramón Cossío, aún y cuando no habla propiamente de neoconstitucionalismo, al explicar lo que entiende por un constitucionalismo actual, inmerso en el fenómeno de la globalización, hace referencia al cambio paradigmático del constitucionalismo de la segunda postguerra, y su impacto en lo que nosotros encuadramos como una nueva visión de la Constitución, cimentada en la idea de la dignidad humana, en este sentido el autor comenta:

«Con este elemento de la dignidad del hombre en juego se abrió una nueva etapa: el hombre no podía ser considerado más como un instrumento al interior de los órdenes jurídicos, sino que su sustantividad propia debía determinar el contenido de las normas y la comprensión del derecho mismo (...) El constitucionalismo europeo presenta entonces una dimensión por completo diversa a lo que se había considerado como derecho y como Constitución y, desde esa posición afecta fuertemente al entendimiento constitucional de nuestros días. Esta afectación se realiza en varios niveles que conviene considerar: primero, en lo que toca a la fundamentación, la Constitución no es más la mera manifestación de poder constituyente, sino una manifestación del poder que recoge y hace suyos una serie de valores que le confieren su legitimación; segundo, en lo que toca a sus funciones, se presenta como la encarnación misma de lo políticamente correcto, es decir, como la única forma adecuada de ejercicio del poder público, de las relaciones entre el poder y los ciudadanos y más en general, de organización de todo el entramado político y social, tercero, en lo que toca a sus contenidos, debe ser vista como el continente de normas, valores y principios que, precisamente, permiten la salvaguarda de la dignidad humana frente al ejercicio del poder público; cuarto, en lo que toca a sus posibilidades de entendimiento o a las técnicas de interpretación de sus normas (lato sensu), se trata de encontrar los caminos para dejar de expresar en exclusiva los sentidos textuales o gramaticales de los enunciados, para acometer el más complejo ejercicio de darle sentido a éstos a partir de los fines de la Constitución»[81].

Lo anterior, lleva a concluir al autor sobre la existencia de una «dimensión imperialista del constitucionalismo» misma que busca el reconocimiento de «valores correctos» e «ideas adecuadas» que pueda llegar a un estado generalizado de constitucionalismo[82].

---

80. *Ibídem*, pp. 116-117.

81. COSSÍO, José Ramón, *Constitucionalismo y globalización,* en Estado Constitucional y Globalización, Miguel CARBONELL y Rodolfo VAZQUEZ (Compiladores), Porrúa, México, Segunda edición, 2003, pp. 227-228.

82. *Cfr. Ibídem*, p. 232.

De igual manera tenemos a Cárdenas Gracia quién encuentra en el neo-constitucionalismo las siguientes características:

> «a) Se reconoce por algunos una conexión débil entre derecho y moral.
>
> b) Se admite que el derecho no sólo está conformado por reglas sino por principios y otro tipo de normas.
>
> c) El derecho no sólo consiste en la estructura normativa sino también en la argumentativa, contextual y procedimental.
>
> d) La legalidad se supedita a la constitucionalidad en un sentido fuerte.
>
> e) Las normas que no son reglas no pueden interpretarse con los métodos tradicionales. Se debe acudir al principio de proporcionalidad, la teoría del contenido esencial, la razonabilidad, entre otras.
>
> f) Más que hablar de interpretación se destaca el papel de la argumentación no sólo en su faceta retórica sino en sus ámbitos hermenéuticos, contextuales y procedimentales.
>
> g) La búsqueda de la certeza jurídica se vuelve más exigente y difícil; se apoya, principalmente en la calidad de la argumentación.
>
> h) Las normas jurídicas se interpretan desde la Constitución.
>
> i) El juez constitucional en ocasiones se coloca por encima del legislador y lo desplaza, lo que pone en cuestión su legitimidad democrática.
>
> j) Se intenta poner fin con las técnicas de la argumentación a la discrecionalidad judicial en el sentido en que había sido entendida por Kelsen o Hart.
>
> k) No hay neutralidad ni avalorastividad en el derecho»[83].

Como puede apreciarse, de las notas definitorias que da el autor, trasciende el reconocimiento de principios constitucionales que por ser de naturaleza diversa a las normas, requieren de nuevos métodos para su interpretación, lo cual dota de un papel central a la argumentación jurídica que a su vez fortalece la discrecionalidad judicial y con ello el desplazamiento del legislador por el juez.

Por último podemos concluir con Del Toro Huerta que lo que algunos autores identifican como neoconstitucionalismo es una consecuencia de la globalización en el aspecto jurídico, sobre todo si partimos de la premisa de que el constitucionalismo contemporáneo proyecta el modelo de Estado Constitucional como la forma de gobierno más acorde con el contexto de apertura que la mundialización requiere, y que según este autor se define entre otras cosas por: a) la ampliación del sistema de fuentes; b) el fortalecimiento de las garantías jurisdiccionales especialmente a través de los tribunales constitucionales; c) la judicialización de la política y d) la consolidación de instancias internacionales de protección de los derechos humanos[84].

---

83. CARDENAS GRACIA, Jaime, *La argumentación como derecho,* UNAM, México, 2007, pp. 51-52.

84. DEL TORO HUERTA, Mauricio Iván, «La apertura constitucional al derecho internacional de los derechos humanos en la era de mundialización y sus consecuencias en la práctica judicial». *Boletín mexicano de derecho comparado*, 2005, No. 112, pp. 325-363.

Una vez analizado aunque sea en forma breve la concepción de neoconstitucionalismo, toca el turno de revisar algunas posturas contrarias a ese «nuevo» paradigma, y entre estos encontramos las siguientes:

Jaime Vintimilla, encuentra en el llamado neoconstitucionalismo un positivismo crítico que ejemplifica con autores como Ferrajoli o bien un positivismo corregido encontrando en Peces-Barba un defensor, pues en el primer caso, el neoconstitucionalismo condiciona la validez de las normas a su contenido de acuerdo a los principios sustanciales y los derechos fundamentales positivizados en la Constitución, no deja de ser positivismo jurídico, sino que lo convierte en positivismo jurídico crítico que llena el subjetivismo existente en la teoría de Kelsen para la aplicación de una de las varias posibilidades que brinda la ley[85].

Respecto al positivismo corregido, comenta que éste trata de explicar únicamente los Estados constitucionales actuales, pues es en estos sistemas donde la ética pública —en forma de valores, principios y derechos— se ha incorporado al derecho y a la idea de justicia[86].

En este sentido, el autor citado, si bien, considera que esta nueva forma de entender el positivismo deriva de un cambio de paradigma constitucional, de una versión programática a un entendimiento de fines y objetivos de la Constitución, también se muestra escéptico al mismo y afirma:

> «...de nada vale el amplio catálogo de derechos constitucionales que, en principio, busca una relación renovada y justa entre el Estado y lo ciudadanos, pues se advierte que en muchos aspectos los derechos son conculcados gracias a la necesidad de obedecer a la mayoría, a una interpretación subjetiva y hasta arbitraria del a Constitución o a la prevalencia de la ley derogada tácitamente por la Constitución. (...) además se hace necesario un proceso de seguimiento y evaluación a la Corte Constitucional para medir su función como garante de Estado Constitucional y urge una formación integral a todos los operadores jurídicos pata que comprendan el valor forense de la Carta Constitucional»[87].

En relación a la diversidad de métodos de interpretación enarbolados por el neoconstitucionalismo (ponderación, proporcionalidad, principio *pro personae,* etc.) advierte lo siguiente:

> «Lamentablemente existe un gran peligro para una eclosión de decisiones o de conductas arbitrarias, reñidas con los principios y valores constitucionales, donde la decisión libre o dirigida del juzgador, dependiendo de sus niveles de independencia, puede verse seriamente afectada por la limitación del denominado acti-

---

85. VINTIMILLA, Jaime, «El Neoconstitucionalismo en la mira», *en Iuris Dictio, Revista del Colegio de Jurisprudencia*, Quito, Ecuador, No. 15, Enero 2013, p. 44.

86. *Ídem*.

87. *Ídem*.

> vismo judicial, ya que los jueces y hasta ciertos servidores públicos no judiciales necesariamente deben cobrar relevancia en la defensa de los derechos mediante las garantías. Si es que no existe activismo, sencillamente no existe neoconstitucionalismo»[88].

Como se puede apreciar, el autor citado ya vislumbra la relación simbiótica entre neoconstitucionalismo y activismo judicial, la cual se analizara en el presente trabajo más adelante.

Por otra parte Lucio Pegoraro enfoca su crítica al neoconstitucionalismo desde la perspectiva del «ataque» a la soberanía nacional, pues considera criticable que las nuevas tendencias sobrepongan los derechos humanos a la Constitución Nacional, máxime si estos se encuentran reconocidos en sede internacional y garantizados por Tribunales internacionales. En este sentido Pegoraro manifiesta que:

> «Los efectos más vistosos de esta teoría (neoconstitucionalismo) son, sin embargo, de un lado, la no valoración de las teorías normativas de la constitución (...); y por otro, una invasiva judicialización de la política y la concesión a los jueces de incontrolables funciones de decisión política»[89].

El autor en cita pone de relieve el problema de la amplia discrecionalidad de los jueces constitucionales para resolver cada vez con más frecuencia cuestiones de índole política, y nos parece oportuno comentar que no se trata sólo de un intento por reiterar críticas como el argumento contramayoritario de Bickel o la politización de la Justicia de Schmit o a la prevención que hacía Kelsen respecto al establecimiento de valores o claúsulas «vagas» dentro del texto constitucional, incentivando la discrecionalidad de los jueces constitucionales, no, porque todas estas cuestiones deben ser aceptadas como un producto de la constitucionalización del derecho, el problema es la falta de reflexión sobre los posibles excesos por parte de los jueces constitucionales, ya que pueden tomar decisiones políticas fundamentales con base sólo en consideraciones políticas disfrazadas de argumentación jurídica y con ello evadir, se insiste el presupuesto democrático del derecho moderno.

Es por ello tal vez que Pegoraro concluye tajantemente diciendo:

> «Esta corriente, alimentada por estudiosos de diferentes países, puede ser utilizada para legitimar el "no Derecho" de la globalización, proporcionando el fundamento teórico para justificar el vacío de poderes de los Parlamentos, de la democracia directa y del propio poder de reforma constitucional; en definitiva, del mismo principio de soberanía popular»[90].

---

88. *Ibídem*, p. 45.

89. PEGORARO, Lucio, *Constitucionalización del Derecho y Cultura Constitucional,* en UNED, Revista de Derecho Político, No. 104, enero-abril 2019, pp. 30-31

90. *Ídem*

De igual forma, dentro de los críticos más sólidos y consistentes encontramos también a García Amado, quien plantea este «nuevo» constitucionalismo como una tendencia ideológica dirigida a justificar el poder de los jueces (especialmente los constitucionales) en un desequilibrio respecto a los demás poderes constitucionales, además de establecer un discurso basado en valores morales «supremos» vedado a la mayoría de los actores jurídicos y reservado únicamente a jueces constitucionales y doctrinarios de reconocimiento científico, lo que a nuestro ver, y sin que explícitamente lo diga el autor vendría a constituir una especie de «tecnocracia jurídica constitucional»[91], que desplaza en buena manera a la soberanía popular y la democracia en cualquiera de sus formas.

García Amado nos dice respecto al neoconstitucionalismo lo siguiente:

> «Lo muy vago e impreciso de las tesis de partida lo convierte en teoría superficialmente atractiva y aparentemente novedosa, al tiempo que en la práctica cumple a la perfección lo que me parecen sus cometidos principales, que serían los de reforzar la influencia política de la presunta ciencia jurídico-constitucional, por un lado, y, por otro, impulsar un judicialismo que subvierte la relación entre los poderes constitucionales, pone en jaque el principio democrático y la soberanía popular y desdobla las propias constituciones, haciendo que ciertos derechos "materializados" y fuertemente vinculados a valores morales sustanciales imperen absolutamente sobre los derechos constitucionales de tipo político, participativo y procedimental. El equilibrio entre derechos humanos y soberanía popular, en el que tanto insiste por ejemplo Habermas, se rompe a favor de una concepción moralizante y absolutizadora de los primeros, con la consecuencia de que acaba por promoverse un nuevo soberano que no es otro que la judicatura, y en especial la jurisdicción constitucional, en alianza con la doctrina»[92].

Además de lo anterior, el autor en comento expone de manera precisa los puntos de contacto o semejanzas entre el constitucionalismo positivista y el neoconstitucionalismo, poniendo de relieve que si bien cambian en apariencia los métodos y la materia constitucional, existe coincidencia ideológica respecto a los fines o pretensiones de índole política, pues explica:

> «Positivismo jurídico decimonónico y neoconstitucionalismo actual son extremos que se tocan y que se combaten por razón de su semejanza estructural y de sus similares pretensiones políticas. Donde aquél tomaba como axioma la idea del legislador racional, éste adopta con similar convicción el del juez racional; donde

91. En este sentido también Pérez Luño, refiere la existencia de una crisis del a soberanía popular, donde una de las causad es la intención de sustituir la legitimación democrática por lo que él denomina «expertocracia». Véase PÉREZ LUÑO, Antonio Enrique, *Derechos Humanos, Estado de Derecho y Constitución,* Editorial Tecnos, España, Séptima edición, 2001, p. 203.

92. GARCÍA AMADO, Juan Antonio, *Sobre el Neoconstitucionalismo y sus precursores,* Controversias Constitucionales, Bogotá, Ediciones Universidad del Rosario, 2009.

aquél quería ver en el legislador un mero portavoz de los intereses objetivos de la nación o de las esencias inmutables y necesarias del Derecho, y en la ley la plasmación perfecta de la justicia ideal, éste hace de la Constitución la quintaesencia de la verdad moral y de la justicia objetiva, y de los jueces los traductores seguros de esas verdades axiológico-jurídicas a decisiones materialmente justas y objetivamente correctas, sin asomo de subjetivismo ni desfiguración por intereses políticos o gremiales»[93].

Por último, podemos concretar la crítica hecha por el autor en lo siguiente:

> «Lo que el positivista del siglo XX combate no es, en absoluto, que la ley pueda ser anulada por inconstitucional (¡faltaba más!), sino que la ley pueda ser anulada por inmoral y que como pretexto se ponga a la Constitución, diciendo que, al margen y por debajo de lo que digan sus disposiciones, la Constitución es ante todo un orden objetivo de valores morales y que, en consecuencia, la ley inmoral será, al tiempo, ley inconstitucional»[94].

Desde una perspectiva menos crítica Santiago Nino, coincide al menos en el hecho de que el papel de los jueces en el constitucionalismo constituye lo que él denomina un «elitismo epistemológico» pues expresa que:

> «La perspectiva usual de que los jueces están mejor situados que los parlamentos y que otros funcionarios elegidos por el pueblo para resolver cuestiones que tengan que ver con derechos, parece ser la consecuencia de cierto tipo de elitismo epistemológico. Este último presupone que, para alcanzar conclusiones morales correctas, las destreza intelectual es más importante que la capacidad para representarse y equilibrar imparcialmente los intereses de todos los afectados por la decisión»[95].

Al margen de las críticas y de sí en realidad podemos hoy hablar de un nuevo constitucionalismo, diferenciándolo de otros modelos ya sea el decimonónico o el formalista del siglo XX, lo que sí es un hecho es que existen diversos elementos que nos permiten hablar de un cambio sustancial respecto del entendimiento de la Constitución, y el mismo proviene tanto de los nuevos textos constitucionales que llevan inmersas cláusulas de axiológicas y principios jurídicos indeterminados, pero sobre todo, estos cambios, consideramos tienen sus orígenes en la jurisprudencia de los tribunales constitucionales y cortes supremas.

Así por ejemplo reflexiona Marina Gascón respecto a los consejos que daba Hans Kelsen en relación a no incorporar a la Constitución fórmulas vagas o imprecisas como son las de igualdad, justicia, libertad, etc., recono-

93. *Ídem*.

94. *Ídem*.

95. SANTIAGO NINO, Carlos, *La constitución de la democracia deliberativa,* Editorial Gedisa, España, 1997, p. 260.

ciendo la autora que en el caso de la Constitución española es precisamente lo contrario lo que se hizo, pues nos dice:

> «... diríase que la Constitución española no sólo se ha separado de sus recomendaciones, sino que ha hecho diametralmente lo contrario. (...) en el frontispicio mismo del texto de 1978 figura la siguiente declaración: "España se constituye en un Estado social y democrático de Derecho que propugna como valores superiores de su ordenamiento jurídico la libertad, la justicia, la igualdad y el pluralismo político" (art. 1.1.), y a partir de este inicial precepto la invocación de valores, principios o directrices más o menos vagos y ambiguos se repite sin cesar hasta el último artículo de la Constitución. Bien es verdad que éste es un problema que no afecta sólo a la jurisdicción constitucional, (...) Pero no cabe duda también que es el Tribunal Constitucional quien de manera más inmediata viene llamado a tomar en consideración tales valores y principios, dado que su parámetro de enjuiciamiento se limita (o debe limitarse) a los escuetos preceptos constitucionales...»[96].

Relacionado con el impacto de este nuevo texto en relación a la justicia constitucional aunque reconoce que este principialismo no constituye una peculiaridad exclusiva del sistema español, el Tribunal Constitucional, desechó desde el primer momento cualquier duda acerca de la eficacia jurídica de esa extensa parte material o sustantiva de la Constitución, incluidos los principios, haciendo un uso constante y desinhibido de la misma[97].

De igual forma, Teresa Freixes resalta que respecto a la Constitución española todos los valores y reglas superiores, están estructuradas como metanormas, de tal forma que permanecen inmutables como substrato jurídico de los valores. En consecuencia, si todos los valores presentan idéntica estructura, no pueden existir jerarquías de tipo estructural entre los mismos y la relación estructural existente entre ellos es de complementariedad[98].

Algo similar reconoce Manuel Aragón cuando establece que una vez superada en Europa la idea de la Constitución como mera norma política, y admitido que la Constitución es derecho y, en consecuencia, que sus principios son jurídicos, ha de reconocerse que el ordenamiento se nutre no sólo de normas escritas sino también de principios generales no positivizados en ellas, cuya conformación se produce mediante la labor de la doctrina y la jurisprudencia[99].

96. *Cfr.* GASCÓN ABELLÁN, Marina, «La justicia constitucional: entre legislación y jurisdicción», en *Revista Española de Derecho Constitucional*, Año 14, No. 41, Mayo-agosto 1994, p. 77.

97. *Ídem*.

98. *Cfr.* FREIXES SAN JUAN, Teresa y REMOTI CARBONELL, José Carlos, «Los valores y principios en la interpretación constitucional», en *Revista Española de Derecho Constitucional*, Año 12, No. 35, Mayo-Agosto 1992, p. 100.

99. *Cfr.* ARAGÓN, Manuel, *op. cit.*, p. 40.

Lo anterior para luego concluir que dada la importancia, crucial, que en el ordenamiento tienen los principios constitucionales, su positivación en el texto constitucional reduce ciertamente los riesgos del subjetivismo en su conformación, poniendo coto a un excesivo activismo judicial o doctrinal[100].

Nos llama la atención esta conclusión, porque en principio no la compartimos, ya que somos de la idea de que la ampliación del texto constitucional mediante principios, conduce a una mayor discrecionalidad judicial que potencializa el activismo judicial pues como explica Cappelletti:

> «...podemos afirmar en tanto (...) que las voluntades constitucionales que pueden manifestar una diferencia más llamativa (cuantitativa) respecto a la legislación ordinaria; son las expresadas mediante normas incompletas, reticentes e inciertas, como lo son sobre todo las normas de "valor" y "programáticas" o "de principio"»[101].

Continúa diciendo el autor italiano:

> «Se afirma ante todo, una distinción de sustancia y un íntimo, necesario y perenne contraste entre "político" y "jurídico": lo primero, por su naturaleza dinámica, mutable e irracional, busca siempre adaptarse a las relaciones momentáneas y fugaces de la vida; lo segundo, en cambio, por su naturaleza, tendencialmente estático-racional, trata de vincular, casi podría decirse de domesticar y amansar las vitales fuerzas políticas. En este latente conflicto –que bajo un plano también metajurídico, puede recordar el conflicto entre "Naturaleza" y "Razón", entre Existenzialität (existencialidad) y Normativität (normatividad) —lo que da su impronta al derecho y a la jurisdicción constitucionales—»[102].

Concluye en este punto:

> «Es por eso que el juez constitucional (...), debe tener en cuenta el carácter particular del derecho constitucional. Y debe por consiguiente, por necesidad de las cosas, (...) integrar la norma a la luz de los valores, haciendo así que su pronunciamiento corresponda al íntimo y objetivo significado político de la voluntad constitucional, es decir, a los valores políticos, como pueden ser objetivamente deducibles de la Constitución entendida como un todo orgánico e indisoluble...»[103].

Es precisamente a nuestro ver, esa facultad del juez constitucional de integrar la norma a la luz de los valores constitucionales, la que se puede prestar a excesos de tipo judicial, mientras no sea claro el método para, en palabras de Cappelletti, deducir objetivamente los valores políticos de la Constitución.

100. *Ibídem.*, p. 42.

101. CAPPELLETTI, Mauro, *op. cit.*, p. 143.

102. *Ibídem*, p. 146.

103. *Ibídem*, p. 147.

Pues tal y como afirma Zagrebelsky, las Constituciones modernas tienen una composición plural y flexible que les dan ese carácter de «ductilidad», entendida esta característica como:

> «La coexistencia de valores y principios, sobre lo que hoy debe basarse necesariamente una Constitución para no renunciar a sus cometidos de unidad e integración y al mismo tiempo no hacerse incompatible con su base material pluralista, exige que cada uno de tales valores y principios se asuma con carácter no absoluto, compatible con aquellos otros con los que debe convivir. Solamente asume carácter absoluto el metavalor que se expresa en el doble imperativo del pluralismo de los valores (en lo tocante al aspecto sustancial) y la lealtad en su enfrentamiento (en lo referente al aspecto procedimental)»[104].

Es precisamente esa relatividad en el juego de los valores constitucionales lo que hace que en la actualidad se estime como los métodos de interpretación constitucional por excelencia a la proporcionalidad, ponderación y razonabilidad.

Retomando el problema de la discrecionalidad judicial basada en los principios Ricardo Guastini indica que la identificación de un principio en cuanto tal, comporta discrecionalidad[105].

En este sentido el autor diferencia entre principios expresos y no expresos, de la siguiente manera:

> «Son principios expresos los explícitamente formulados en una disposición constitucional o legislativa de la que puedan recabarse (como cualquier otra norma) mediante interpretación. (...) Por el contrario, son principios no expresos los que carecen de disposición, es decir, los no explícitamente formulados en alguna disposición constitucional o legislativa, sino elaborados o "construidos" por los intérpretes. Se entiende que los intérpretes, cuando formulan un principio no expreso, no se convierten en legisladores, sino que asumen que tal principio está implícito, latente, el discurso de fuentes»[106].

Desde esta óptica, consideramos que, no obstante que ambos principios (expresos o no) nos remiten al papel esencial del intérprete; la segunda opción, es decir, el determinar cuáles son los principios implícitos en el orden constitucional, es lo que nos remite más al campo de lo que muchos consideran el paradigma neoconstitucional, pues el hecho de que existan principios expresados en el texto constitucional y que estos sean objeto de interpretación sobre todo por los tribunales, no es algo novedoso, al con-

---

104. ZAGREBELSKY, Gustavo, *El derecho dúctil, Ley, derechos, justicia.* Tr. Marina Gascón, Editorial Trotta, Tercera edición, 1999, p. 14.

105. GUASTINI, Ricardo, *Estudios de teoría constitucional,* Edición y presentación por Miguel Carbonell, Distribuciones FONTAMARA, S.A., 2003, p. 134.

106. *Ibídem*, p. 137-138.

trario, es lo esencial de la justicia constitucional, sin embargo, otra cosa distinta se plantea cuando los intérpretes ya sea judiciales o doctrinales, emplean técnicas metodológicas diversas para crear un andamiaje que incluso a veces pareciera *paraconstitucional*, con el fin de interpretar la propia Constitución.

Esto último lo reconoce Guastini cuando dice:

«Los principios no expresos son fruto no de interpretación (es decir de adscripción de sentido a específicos textos normativos), sino de integración del derecho por obra de los intérpretes. Los operadores jurídicos los obtienen a veces de normas singulares, otras de grupos más o menos amplios de normas, en ocasiones del ordenamiento jurídico en su conjunto»[107].

Al margen del tipo de principios que se estén interpretando, Guastini también deja bien en claro que los métodos de interpretación cambian substancialmente cuando entran en juego estos principios, pues apunta:

«...la conclusión es que los conflictos entre principios —o al menos los que se dan entre los principios constitucionales— no pueden ser resueltos con las mismas técnicas habitualmente usadas para resolver los conflictos entre normas. No es aplicable el criterios lex superior derogat inferiori, porque se está hablando de normas del mismo rango en la jerarquía de fuentes. Tampoco es aplicable el criterio lex posterior derogat priori, porque los principios implicados se encuentran (al menos en el caso de los principios constitucionales) estatuidos un mismo documento normativo, y, en consecuencia, son coetáneos. Por último, no se puede aplicar lex especialis derogat generali, porque —cuando se trate de una antinomia del tipo eventual— no concurre entre las clases de supuestos de hecho disciplinados por los dos principios una relación de género a especie.

La técnica apropiada (...) para resolver los conflictos de este tipo es la que se conoce con el nombre de ponderación»[108].

Continúa el autor y explica lo que entiende por ponderación:

«La ponderación de principios consiste en instituir entre los dos principios en conflicto una jerarquía axiológica móvil.

A) Una jerarquía axiológica es una relación de valor instituida (no por las mismas fuentes, sino) por el intérprete, precisamente mediante un subjetivo juicio de valor. Instituir una jerarquía axiológica consiste en atribuir a uno de los dos principios en conflicto mayor "peso", es decir, mayor valor, respecto del otro. El principio dotado de mayor valor prevalece, en el sentido de que es aplicado; el principio axiológicamente inferior sucumbe —no en el sentido de que resulte inválido o abrogado, sino— en el sentido de que se deja de lado.(...)

107. *Ibídem*, p. 138.

108. *Ibídem*, p. 145.

B) Una jerarquía móvil, por otra parte, es una relación de valor inestable, mudable, que vale para el caso concreto, pero que podría invertirse en relación con un caso concreto diverso»[109].

En vista de lo anterior en este punto podemos concluir con el mismo autor que la ponderación comporta una doble discrecionalidad, pues tanto es discrecional la operación consistente en instituir una jerarquía de valores entre los principios implicados, como es discrecional la operación consistente en cambiar el valor relativo de tales principios a tenor de diversos casos concretos[110].

Ahora bien, en una argumentación distinta pero sustancialmente similar, Robert Alexy, nos indica que la discrecionalidad de los principios radica en su naturaleza de ser *mandatos de optimización,* lo que hace que los mismos requieran un tratamiento distinto al de las reglas, pues explica que:

«El punto decisivo para la distinción entre reglas y principios es los principios son normas que ordenan que se realice algo en la mayor medida posible, en relación con las posibilidades jurídicas y fácticas. Los principios son, por consiguiente, mandatos de optimización que se caracterizan por que puede ser cumplidos en diversos grados y porque la medida ordenada de su cumplimiento no sólo depende de las posibilidades fácticas, sino también de las posibilidades jurídicas. (...) En cambio, las reglas son normas que exigen un cumplimiento pleno y, en esa medida, pueden siempre ser sólo cumplidas o incumplidas. (...) Las reglas contienen por ello determinaciones en el campo de lo posible fáctica y jurídicamente»[111].

A nuestro entender, precisamente la determinación jurídica de las reglas es lo que da mayor certeza respecto de los principios, sin desconocer que aún cuando exista esa mayor determinación, la interpretación siempre tiene una papel decisivo, sobre todo cuando estamos frente a los llamados *casos difíciles*, mismos que en opinión de Dworkin, siempre conllevan una solución sustentada en principios, ya que para este autor la función judicial, no puede sustraerse de ciertas resoluciones políticas, pero lo que importa es que cuando esto suceda, la resolución se base en ciertos principios políticos (más parecidos a principios filosófico-jurídicos) y no en lo que el autor llama políticas públicas (o políticas partidistas), esto según el propio autor, cuando se plantea en casos polémicos o difíciles, reduce la discrecionalidad del intérprete, pues considera que cuanto más abiertamente político sea el asunto, más restringida quedará la moral política del juez, ya sea por el carácter político de la norma o por el precedente en cuestión[112].

---

109. *Ibídem*, pp. 145-146.

110. *Cfr. Ibídem,* p. 147

111. ALEXY, Robert, *Derecho y Razón Práctica,* Distribuciones Fontamara, S.A., Tercera reimpresión 2006, p. 13.

112. *Cfr.* DWORKIN, Ronald, *Una cuestión de principios*, Tr. Victoria de los Ángeles Boschiroli, Siglo XXI editores, México, 2012, p. 50.

En este sentido es tajante cuando expresa:

> «Si queremos que haya revisión judicial (si no queremos derogar "Marbury c. Madison"), tenemos que aceptar que la Corte Suprema debe tomar decisiones políticas importantes. El problema reside más bien, en que motivos, en manos de la Corte, constituyen buenos motivos. En mi opinión, debería tomar decisiones de principios, y no de políticas públicas (esto es, decisiones sobre qué derechos tienen las personas en nuestro sistema constitucional, y no sobre cuál es la mejor manera de promover el bienestar general), y debería hacerlo elaborando y aplicando la teoría sustancial de la representación tomada del principios fundamental de que el gobierno debe tratar a los ciudadanos como iguales»[113].

Concluye el autor en este punto:

> «La revisión judicial garantiza que las cuestiones fundamentales de la moral política sean por fin planteadas y debatidas como cuestiones de principio y no sólo de poder político, transformación que no puede prosperar, o por lo menos no plenamente, dentro de los órganos legislativos. (...) La revisión judicial (...) obliga a incorporar al debate político la discusión sobre los principios»[114].

Ahora bien, esta interpretación basada en principios es identificada también por Guastini como una interpretación «adecuada» cuando reconoce que los principios influyen en la interpretación de las restantes disposiciones del ordenamiento, alejando a los jueces de la interpretación literal, y propiciando una interpretación adecuada[115].

No obstante, el autor reconoce que lo que denomina «la interpretación adecuada», es fruto de una opción discrecional, en consecuencia, altamente discutible, tanto desde el punto de vista de la legalidad como del de la oportunidad política[116].

Como se puede apreciar, ya sea que hablemos con Cappelletti de la «integración de la norma a la luz de los valores», o bien de los «mandatos de optimización» a que se refiere Alexy, la decisión en principios de Dworkin, o decisión adecuada de Guastini, o de plano nos quedemos con la idea de ductilidad de la Constitución expuesta por Zagrebelsky, lo que es inconcuso, es que en la actualidad el concepto de Constitución e interpretación constitucional, se aleja cada vez más del formalismo jurídico, y tiende a reconocer en forma expresa la necesaria discrecionalidad del intérprete constitucional y la ineludible implicación moral en cada resolución judicial, sobre todo en materia constitucional, cuando estamos ante casos polémicos o difíciles. Lo

113. *Ibídem,* p. 100.

114. *Ibídem*, p. 101.

115. *Cfr.* GUASTINI, Ricardo, *op. cit.*, p. 147.

116. Esta es una de las cuestiones por lo que la Escuela Genovesa se aleja en ciertos aspectos de posiciones manifiestamente neoconstitucionalistas. *Cfr. Ibídem*, p. 148.

criticable es que, independientemente de la postura metodológica que se asuma, lo innegable es que se abre lo que Gargarella ha llamado la «brecha interpretativa», y con ella la posibilidad de que los jueces asuman de manera silenciosa el lugar que debe ocupar la deliberación popular[117].

2.3. Conclusiones del capítulo

PRIMERA. El constitucionalismo moderno, es producto de la tensión entre dos tradiciones que convergen de una manera dialéctica, pues por un lado se encuentra la tradición norteamericana que concibe la Constitución como una «ley», una norma más dentro del sistema jurídico que debe cumplirse de manera eficaz mediante las sentencias de los tribunales, es decir, es una norma especial por su naturaleza fundamental, pero una norma en fin, es decir, litigable ante los tribunales. Por otro lado la tradición Europea enfatiza en el aspecto programático de la Constitución, tal vez por su influencia Roussoniana, trasciende su papel como Código Político, en el que se plasman los valores y aspiraciones esenciales de la Sociedad de un Estado.

SEGUNDA. Precisamente por esa relación dialógica moderna, es que hoy en día el constitucionalismo reviste unas características sin precedentes, las cuales constituyen en que: 1) la concepción de Constitución como una norma de eficacia directa integrada por reglas, principios y valores; 2) el papel preponderante de los jueces como intérpretes últimos de la misma; y 3) los métodos de interpretación constitucional ligados a la ponderación y razonabilidad, de las decisiones sobre todo en los llamados «casos difíciles», lo que a nuestro entender, constituyen un caldo de cultivo excelente para que se propicie el fenómeno conocido como activismo judicial.

117. GARGARELLA, Roberto, *La Justicia frente al gobierno*, Editorial Ariel, S.A., Barcelona, 1996, p. 59

CAPÍTULO 3

EL ACTIVISMO JUDICIAL

3.1. Introducción

Como se ha dejado claro en el apartado anterior, el fenómeno del neo-constitucionalismo o si se quiere, de una concepción del constitucionalismo moderno, ha traído aparejadas ciertas notas que nos conducen a dirigir nuestro estudio hacia la justicia constitucional y su papel en la democracia moderna, no sin que sea objeto de críticas diversas, mayormente centradas en lo referente a la preponderancia jurídico-constitucional que esta versión de constitucionalismo da a los Tribunales Constitucionales o Cortes Supremas, respecto de los otros poderes del Estado.

Es precisamente esta posición de aparente prevalencia constitucional la que hace presumir que existe una relación estrecha entre este nuevo constitucionalismo y lo que la doctrina llama activismo judicial, sin embargo somos de la idea que, el activismo judicial no necesariamente es algo novedoso (al menos en el contexto del constitucionalismo universal) y tampoco es una consecuencia de las nuevas maneras de entender el derecho constitucional, pues como indica Henning Leal[118], no hay que confundir el fenómeno del activismo judicial con el de la judicialización (sobre todo de la política) porque si bien son estos, dos caras de la misma moneda, no representan en sí un mismo fenómeno, lo que es más, en ocasiones puede darse una contradicción entre ambos.

En su opinión, la judicialización es el resultado de un proceso histórico típico del constitucionalismo democrático que en virtud de ciertos aspectos como la centralidad de la Constitución, su carácter principalista, la supre-

118. HENNING LEAL, Mónica Clarisa, «La jurisdicción constitucional entre judicialización y activismo judicial: ¿Existe realmente "un activismo" o "el" activismo?», *Estudios Constitucionales*, Año 10, No 2, Centro de Estudios Constitucionales de Chile Universidad de Talca, Chile, 2012, p. 433.

macía y dimensión objetiva de los derechos fundamentales etc., traen pro consecuencia un protagonismo del Poder Judicial[119].

Por lo que se refiere al activismo judicial considera que está más relacionado a cuestiones internas del poder judicial en el desempeño de sus competencias y que se identifica con una postra proactiva de los juzgadores[120].

Como se puede apreciar, en un primer acercamiento parece que el fenómeno de la judicialización es similar a la tendencia del neo-constitucionalismo, (producto a su vez de la posibilidad de judicializar un amplio número de valores jurídicos reconocidos y que se siguen reconociendo en el campo del constitucionalismo), pero el activismo judicial, muestra un problema diverso y autónomo que debe ser analizado desde una óptica diferente de lo ya realizado respecto al neo-constitucionalismo.

3.2. ¿Qué implica el activismo judicial?

Si bien generalmente la idea de activismo judicial se relaciona con ciertas actuaciones de los tribunales en un sentido progresista, a veces de izquierda radical, lo cierto es que no hay nada claro en ese sentido, pues en la actualidad se ha hecho hincapié en varias ocasiones en el activismo de Cortes o Tribunales con influencia conservadora, es decir, el hecho de que una Corte sea más o menos activista, parece no estar vinculado necesariamente con la ubicación ideológica de sus posicionamientos.

Por lo anterior y siguiendo el criterio de Young, podemos definir activismo desde varios ángulos de estudio, como son: a) la tendencia de las Cortes o Tribunales a declarar inconstitucionalidad de leyes; b) a separarse de la autoridad del texto, la historia o el precedente, c) para abordar temas novedosos que no son propios de la Corte incluso incidiendo en otros órgano políticos[121].

Esto nos lleva a reflexionar acerca de lo difícil que es delimitar de manera objetiva lo que debemos entender por activismo, pues somos de la idea que, sí se quiere atribuir a algún Tribunal o Corte Constitucional un papel activista, este no debe estar ligado a criterios de mérito en sus resoluciones, pues, esto hace casi imposible encuadrar objetivamente el fenómeno en estudio, ya que como expresa Young el activismo es una categoría útil porque centra la atención en el papel institucional del poder judicial más que en los méritos de decisiones particulares[122].

119. *Cfr.*, *Ibídem*, p. 434.

120. *Cfr.*, *Ibídem*, p. 438.

121. YOUNG, Ernest A., «Judicial Activism and Conservative Politics», *University of Colorado Law Review*, Volume 73, No. 4, 2002, p. 1141.

122. *Ídem*.

En efecto, si partimos del mérito en cada resolución para calificar el activismo de un tribunal, tendremos como consecuencia segura que el poder judicial será considerado por sus críticos, activista o no, en función de sí estos últimos están de acuerdo con tal o cual resolución, lo que desde luego es inaceptable, máxime que no se cuenta con ningún método infalible que nos pueda orientar hacia una respuesta seguramente correcta referente a determinadas cuestiones judiciales, sobre todo en materia constitucional o de casos difíciles.

Ahora bien, continuando con esta reflexión tenemos que concluir que el problema del activismo en los jueces, no es un tema de técnica jurídica, pues lejos estamos de establecer cánones que definan con certeza cuales son las soluciones jurídicamente correctas en todos los casos planteados, si acaso aspiramos a resolver jurídica y razonablemente aceptable, conforme a criterios serios de interpretación constitucional y dentro de un contexto político y social determinado.

Pero si la cuestión no está en el mérito de la resolución, ¿Dónde la debemos buscar? Somos de la idea de que, entre otras cosas se debe atender a la oportunidad política, tanto desde la perspectiva ideológica como institucional y social, sobre todo en este último caso, el institucional y social.

En el ensayo comentado de Young, el autor nos ofrece seis categorías de actuaciones judiciales que a su juicio pueden encuadrarse en una especie de activismo, las cuales a continuación se comentan:

1) Revisar las políticas de los otros poderes o gobiernos estatales;
2) Apartarse del texto y/o del a historia;
3) Apartarse del precedente judicial;
4) Resolver con criterios «maximalistas» en lugar de «minimalistas»;
5) Ejercer amplios poderes remediales;
6) Decidir casos, de acuerdo con las preferencias partidistas de los jueces[123].

Según el autor mencionado, cada uno de estos criterios tiene un ingrediente común a saber: la reticencia de la Corte de permitir que el caso se resuelva mediante una solución que no haya sido planteada por ella misma, ya sea que provenga del texto original, del precedente o de algún otro de los poderes.

Textualmente dice:

> «These behaviors, I suggest, are linked by a common thread: they all involve a refusal by the court deciding a particular case to defer to other sorts of authority at the expense of its own independent judgment about the correct legal outcome. Each sort of behavior, then, tends to increase the significance of the court´s own institutional role vis-à-vis the political branches, the Framers and Ratifiers of the Constitution, or other courts deciding cases in the past or the future»[124].

123. *Ibídem*, p. 1144.

124. *Ibídem*, 1145.

De lo anterior pudiera concluirse que estas posiciones pretenden reivindicar la independencia del poder judicial respecto de otros poderes e incluso respecto del propio Poder Constituyente, para efectos de consolidarse como la última palabra en materia de interpretación constitucional. A continuación analizaremos cada uno de los criterios propuestos por Young:

1) Revisar las políticas de los otros poderes o gobiernos estatales

Es precisamente este punto, el que más ha sido discutido desde la perspectiva universal, pues lo que en el sistema americano implica la revisión judicial, es lo que para el constitucionalismo continental se entiende como la esencia de la justicia constitucional, sobre todo es su vertiente de declarar leyes inconstitucionales con la subsecuente anulación con carácter general.

Es a nuestro juicio, en este tema donde se hace más nítido el argumento contra-mayoritario expuesto por Bikel cuando reconoció que la Corte Suprema Norteamericana al declarar inconstitucional una ley no actuaba en representación de las mayorías, sino es su contra[125].

El mismo problema acentúa Ely, cuando reconoce que la función central y al mismo tiempo el problema central de la revisión judicial resulta del hecho de que un órgano que no es electo ni tampoco políticamente responsable, les indica a los representantes populares como deben o no gobernar[126].

Este argumento contramayoritario ha sido criticado e incluso en términos generales se entiende superado.

En nuestra opinión, se debe abordar al menos desde dos perspectivas a saber:

a) Desde la eficacia representativa; es decir, para que se pueda argumentar el sentido contramayoritario de las resoluciones judiciales que anulan leyes expedidas por los poderes legislativos, es una petición de principio, que efectivamente dicha ley anulada coincida con la voluntad de una mayoría política ciudadana, situación que no siempre se presenta, pues es sabido que la democracia representativa pasa por una etapa de crisis de partidos, de tal manera que, en países como México, y la gran mayoría de los latinoamericanos, no es tan nítida la representación del pueblo a través de los partidos políticos y en consecuencia no lo es tampoco, en las cámaras legislativas y en los actos emanados de las mismas.

Y es que, en principio coincidimos con lo que afirma Rodolfo Vázquez cuando dice:

> «Tengo la impresión que cuando se plantea este debate se hace por lo general imaginando las posiciones en estado puro y contraponiendo los antimodelos desde una u otra posición: o el tipo ideal de parlamento vs. una "visión apocalíptica de

125. *Cfr.*, BIKEL, Alexander M., *The Least Dangerous Branch,* Yale University Press, Second Edition, 1986, pp. 16-17.

126. *Cfr.*, HART ELY, John, *op. cit.*, pp. 4-5.

la jurisdicción"; o el parlamento convertido "en verdaderas agencias de gestión de intereses corporativos" *vs.* el ideal de juez imparcial e incorrupto»[127].

Por eso no se debe perder de vista tampoco la crisis de partidos y representación democrática que se presenta hoy en casi todas las democracias modernas. Lo anterior se intensifica si reconocemos como lo hace Couso que en países como los Latinoamericanos encontramos que la «tercera ola» de la democracia, que se presentó en la década de los noventas en lo que pudiéramos denominar las «democracias emergentes» de las cuales se ha criticado que varios segmentos de la población, (minorías étnicas, población rural o población urbana marginada económicamente) son tratados por los gobiernos electos democráticamente en forma similar a la utilizada por los regímenes autoritarios del pasado[128].

Esto último deja al descubierto que el argumento contramayoritario, al estar sustentado en la eficacia de la democracia representativa, no puede hacerse valer de manera indiscriminada al analizar el papel de los jueces en diversas latitudes, es más, como veremos más adelante, en países con democracias emergentes, la patología de la representación, sobre todo en los partidos y cuerpos legislativos, es un aliciente para el activismo judicial, pues son los jueces los que, ante la omisión de la voluntad política del legislativo y la falta de políticas públicas efectivas por parte del Gobierno, deben realizar los derechos y valores constitucionales vía sentencia judiciales, muchas veces tildadas de excesos activistas.

No obstante lo anterior, se pudiera argumentar que el control judicial tampoco garantiza la defensa del principio democrático si su justificación se encuentra en una Constitución que no necesariamente cumpla con el mismo, así por ejemplo Santiago Nino puntualiza que:

> «Se podría pensar que el control judicial de constitucionalidad es completamente compatible con el reconocimiento del valor epistémico de la democracia dado que los jueces, cuando ponen en vigor la constitución, rinden honor a la soberanía popular expresada en esa misma constitución. Este es un argumento usual que identifica a la constitución histórica con la expresión más alta de la voluntad del pueblo y, de este modo, afirma que el control judicial de constitucionalidad se desprende lógicamente de la legitimidad democrática. Sin embargo este argumento es erróneo, como vimos en el capítulo 2, dado que la mayoría de las constituciones históricas vigentes en los diferentes países no han sido sancionadas por un procedimiento democrático genuino»[129].

---

127. VAZQUEZ, Rodolfo, *Justicia constitucional, derechos humanos y argumento contramayoritario,* en «Anales de la cátedra Francisco Suárez, Norteámerica», 44, dic., 2010. Disponible en http://revistaseug.ugr.es/Index.php/article/view506, p. 251.

128. *Cfr.*, COUSO, Javier, «Consolidación democrática y Poder Judicial: los riesgos de la judicialización de la política», *Revista de Ciencia Política*, Volumen XXIV, No. 2, Santiago de Chile, 2004, pp. 29-48.

129. SANTIAGO NINO, Carlos, *op. cit.*, p. 271.

Si bien podría parecer acertada esta precisión, la verdad es que consideramos que el autor erra en el enfoque, pues somos de la idea de que la legitimidad democrática de la Constitución no debe provenir tanto de su sanción, sino de los valores reconocidos en la misma, pues incluso el mismo autor refiere más adelante que hasta las constituciones históricas que fueron sancionadas democráticamente, pierden esa legitimidad con el paso del tiempo, de manera tal que, como se dijo, el valor democrático de la constitución se debe analizar más desde la perspectiva de sus valores y principios, no tanto del momento histórico y de quienes la sancionaron.

b) Ahora bien, si analizamos el argumento contramayoritario, dentro de un sistema democrático eficaz, con una maquinaria política trabajando adecuadamente, como son los partidos y su representación en el legislativo, el problema cambia de sobremanera, y a nuestro ver es una cuestión relacionada con la pregunta de, ¿Cómo se debe de entender la democracia? y pasar de la idea de democracia representativa, a la idea de democracia constitucional o si se prefiere «liberal».

En efecto, como se ha indicado en las primeras líneas de este trabajo, la democracia moderna, se entiende hoy como una democracia con límites, es decir, una democracia desde la Constitución, pues se ha dicho que un elemento común a las democracias consolidadas es la presencia de instituciones liberales, como son un sólido Estado de derecho, separación de poderes, una rama judicial independiente y respeto por los derechos humanos de los ciudadanos[130].

Lo anterior resulta más claro si comprendemos que, la regla de la mayoría en la democracia, no constituye el fin de lo político, ni se erige como la infalibilidad legitimadora del sistema o del *status quo*, más bien, como dice Fernández-Miranda Campoamor, es un método de reducción de la complejidad en la toma de decisiones, es decir, siguiendo a estos autores podemos explicar que:

> «Si se acepta lo expuesto; si se acepta que en un sistema democrático la voluntad de los más no tiene ninguna superioridad moral, ni científica, ni siquiera política sobre la libertad de los menos, habrá que encontrar en otros principios el fundamento de la legitimidad del sistema. Este, según creemos, se encuentra en la dignidad humana de la persona y, por tanto, en la libertad de todos. (...) Por tanto, es la libertad de todos lo que legitima la democracia, con el principio de las minorías, comenzando por el individuo como máxima minoría, y no la regla de la mayoría como fundamento del sistema. En otros términos, lo que legitima la decisión de los más es el hecho de haber sido tomada **desde la libertad y la participación de todos**. Así, la regla de la mayoría deviene en un inevitable mecanismo de reducción de la complejidad, pero jamás en un principio legitimador»[131].

---

130. Couso, Javier, *op. cit.*, pp. 29-48.

131. Fernández-Miranda Campoamor, Carmen y Fernández-Miranda Campoamor, Alfonso, *op. cit.*, p. 27.

No obstante lo razonable del argumento mencionado, el mismo no tiene una adhesión pacífica por parte de la doctrina, sobre todo en los Estados Unidos, donde el argumento contramayoritario tiene peso; sin embargo, en términos generales, creemos que el debate se ha trasladado del punto donde se cuestiona la legitimación democrática de los jueces que anulan una decisión legislativa, hasta llegar a la siguiente cuestión: ¿qué es lo que legítima a esos jueces a rechazar una ley? La respuesta en principio es aparentemente sencilla, sobre todo si partimos que el fundamento de una decisión judicial que rechaza una ley en principio está en la Constitución, es decir, la ley se anula por ser contraria a ésta, sin embargo, la doctrina, sobre todo la Norteamericana se cuestiona: ¿Cómo vamos a interpretar la Constitución? Porque, para algunos, la única manera de legitimar las actuaciones de los tribunales, es a través de interpretaciones que se apeguen de manera fiel al texto constitucional y a la voluntad de sus redactores, lo que implica una posición *textualista* u *originalista*, pero si lo que hace la Corte es apartarse del texto constitucional, dando nuevos o «diferentes» significados al contenido de la Constitución, estamos ante una posición *no originalista,* misma que se hace más criticable cuando lo que se encuentra es una superposición de los valores personales del juez o de la Corte, por encima de lo establecido en la Constitución, sin lugar a dudas, ante este panorama estamos en un caso de activismo judicial que para muchos autores acarrea una crisis de legitimación de los tribunales.

En palabras de Ely, la legitimación de los *originalistas o interpretativistas,* está en la base de la propia Constitución, pues explica:

> «The noninterpretativist would have politically unaccountable judges select and define the values to be placed beyond majority control, but the interpretavist takes his values from the Constitution, which means, since the Constitution itself was submitted for and received popular ratification, that they ultimately come from the people. Thus the judges do not check the people, the Constitution does, which means the people are ultimately checking themselves»[132].

Como se verá, lo anterior nos lleva a la reflexión del siguiente punto, relativo al activismo que se aparta del texto o de la concepción histórica de la Constitución.

Pero antes, consideramos necesario realizar unas últimas reflexiones respecto al argumento contramayoritario, y así tenemos, por ejemplo que desde el igualitarismo, autores como Marcelo Alegre destacan que el principio de la mayoría también es un principio igualitario, pues tal y como se ha comentado es parte del reconocimiento de la valía del individuo y su dignidad, por ello con su participación se logra el establecimiento de una mayoría, sin embargo, hay que reconocer (y en esto estamos de acuerdo con el autor comentado) que la exigencia constitucional de un mínimo vital, también es

132. HART ELY, John, *op. cit.*, p. 8.

un principio igualitario similar en valor al principio de la mayoría, y que, no obstante deben ser los órganos políticos los encargados de desarrollarlo, cuando esto no sucede, son los tribunales a través de la actuación de derechos económicos, sociales y culturales, los que deben exigir el cumplimiento a cabalidad de ese mínimo vital[133].

Lo anterior en razón de que cuando a través de un procedimiento mayoritario se niega la redistribución de recursos para garantizar un mínimo adecuado para todos se vulneran los mismos valores que sustentan la legitimidad de la regla de la mayoría[134].

En consecuencia podemos decir que, en una democracia representativa situada dentro del marco constitucional, la regla de la mayoría nos ayuda a reducir la complejidad en la toma de decisiones políticas, sin embargo, el valor de la Constitución se encuentra en la limitación del poder, incluso de las mismas mayorías frente al individuo o las minorías, de ahí la posibilidad de anulación de leyes consideradas inconstitucionales, no obstante lo anterior, el fin de toda Constitución no sólo se encuentra en la organización y limitación del poder, también tiene un contenido proyectivo, y dentro de este contenido se encuentran una serie de aspiraciones plasmadas algunas veces como derechos fundamentales, que tienden a asegurar el respeto por la dignidad de todas las personas, lo que, entre otras cosas, en la actualidad también implica el reconocimiento y aseguramiento por parte del Estado de un mínimo vital, mismo que en principio debe ser garantizado a través de la creación de leyes y la implementación de políticas de gobierno, y que podemos asimilar a lo que Ernesto Garzón, denomina un «coto vedado»[135] que se integra por una serie de derechos fundamentales necesarios para la democracia representativa que están fuera de cualquier negociación política, por lo que se advierte que en el caso de no existir tales leyes o políticas de gobierno necesarias para garantizarlo, muchas veces se tiene que recurrir al ejercicio de acciones judiciales con pretensiones de exigibilidad directa ante los tribunales del Estado, mismos que, por tratarse la mayoría de las veces de derechos plasmados en el texto constitucional con carácter de supremos y fundamentales, se ven frecuentemente obligados a resolver sobre este tipo de temas, pues cada vez es más difícil (sobre todo en Constituciones con grandes postulados sociales) reservarse en materias expresamente reconocidas en la Constitución.

Por lo anterior, coincidimos plenamente con lo que refiere Brewer-Carías, cuando expresa que la democracia va más allá del marco de la sola representatividad y de las elecciones, porque se trata más bien de un modo político

133. ALEGRE, Marcelo, *Igualitarismo, democracia y activismo judicial*, consultable en: www.palermo.edu/derecho/pdf/publicaciones/salegre.pdf p.18.

134. *Ibídem*, pp. 19-20.

135. GARZÓN VALDES, Ernesto, «El consenso democrático: Fundamento y límites del papel de las minorías». *En revista ISONOMÍA*, No. 12, ITAM, México, abril, 2000, p. 20.

de vida y de un sistema de separación de poderes y de control del poder, en el que las libertades individuales y los derechos fundamentales de los seres humanos tienen primacía[136].

De igual forma creemos correcto lo expresado por Rivera León[137], en el sentido de que el argumento contramayoritario ha evolucionado de ser un argumento sustantivo a ser un argumento de grado tendiente a llevar el problema al campo de la interpretación constitucional.

No obstante lo anterior, como se dijo *supra*, para muchos críticos del activismo judicial, el problema no está en que los tribunales resuelvan cuestiones constitucionales, incluso declarando la nulidad de ciertas leyes, para estos el problema se encuentra en la manera en que se interpreta la Constitución al momento de tomar este tipo de decisiones, y esto nos lleva al siguiente punto referido por Young.

2) Apartarse del texto y/o de la historia

Según Young, este punto tiene un doble sentido, pues por un lado podemos hablar de un activismo que se aparta del sentido original o histórico al utilizar un método diverso al originalista o textualista, o bien, un activismo que se aparta de lo que históricamente se ha considerado como un correcto entendimiento de la Constitución, ambas «desviaciones» implican posturas activistas[138].

En este particular, no encontramos diferencia significativa en los dos supuestos planteados por el autor, pues consideramos que en esencia el abandono de un criterio histórico textualista siempre lleva implícito el renunciar a ese método, sino en forma absoluta si, sustancial, lo suficiente para llegar a conclusiones diversas respecto al sentido de la interpretación.

Antes que nada debemos aclarar que entendemos por originalismo:

> El originalismo es en nuestro concepto una posición interpretativa que pretende dar significado a las normas constitucionales partiendo de dos elementos indispensables: 1) el significado gramatical del texto constitucional (por eso también se le conoce como textualismo) 2) cuando haya duda en relación al significado gramatical, se debe de intentar en la medida de lo posible, desentrañar que significado quisieron darle los redactores de la Constitución al texto que se presenta dudoso.

Tal y como refiere el Juez Scalia en el textualismo el contexto lo es todo, y el contexto de la Constitución exige no entrar mucho a detalles complicados,

136. Brewer-Carías Allan, R., *La justicia constitucional (Procesos y Procedimientos constitucionales),* Editorial Porrúa, México, 2007, p. 52.

137. Rivera León, Mauro Arturo, «El argumento contra-mayoritario: Bickel y el caso mexicano»., en *Revista Iberoamericana de Derecho Procesal Constitucional*, No. 15, Enero-Junio 2011, pp. 189-212.

138. *Cfr.*, Young, Ernest A., *op. cit.*, pp. 1148-1149.

sino dar interpretación amplia tanto a palabras y frases siempre y cuando el lenguaje lo pueda soportar[139].

Lo anterior es sumamente complicado en la actualidad, sobre todo si entendemos que una de las bases interpretativas de la Constitución es su pretensión de continuidad en el tiempo, misma que para que realizarse, debe ser evolutiva y con ello permitir adaptar los contenidos de la Constitución a las necesidades del presente, así podemos decir con Hesse que toda Constitución es *Constitución en el tiempo*: la realidad social, a la que van referidas sus normas, está sometida al cambio histórico y éste, en ningún caso, deja incólume el contenido de la Constitución. De forma tal que cuando se desatiende dicho cambio, el contenido constitucional queda «petrificado» y, a corto o largo plazo, no podrá cumplir sus funciones[140].

Desde la perspectiva norteamericana, David A. Strauss refiere que la idea central del originalismo es que cuando demos significado a las palabras de la Constitución, tenemos que usar los significados que las personas que adoptaron esas disposiciones constitucionales les habrían asignado[141].

Ahora bien, el mismo autor resalta en este sentido que el originalismo plantea diversos problemas, entre los cuales podemos destacar los siguientes 1) Desde el punto de vista práctico es muy difícil descubrir cuál era el pensamiento de las personas cuando adoptaron el texto de la Constitución; 2) Incluso si pudiéramos acceder al entendimiento original de los redactores de la Constitución, tendríamos que aplicar ese entendimiento a los problemas actuales, partiendo del hecho de que los redactores de la Constitución tenían un entendimiento de su mundo, pero no del mundo actual; 3) Tal y como dijo Jefferson, el mundo pertenece a los vivos, en consecuencia no estamos obligados a seguir obedeciendo decisiones tomadas por personas hace cientos de años[142].

Es con estos argumentos con los que debemos apreciar en forma nítida la necesidad de una interpretación evolutiva. Por estas razones Strauss opta por lo que denomina una *Constitución viviente*, es decir, interpretar la Constitución en un sentido evolutivo, adaptándola a las circunstancias del presente, para este autor la Constitución viviente implica adaptar los contenidos de la Constitución a las necesidades del presente sin que sea necesario una reforma o modificación formal de la misma[143].

---

139. SCALIA, Antonin, *A matter of interpretation, Federal Courts and the Law,* Princeton University Press, USA, 1997, p. 37.

140. HESSE, Konrad, *Constitución y Derecho Constitucional,* Tr. Antonio López Pina, en «Manual de derecho constitucional», (BENDA, MAIHOFER, VOGEL, HESSE, HEYDE), Marcial Pons, Segunda edición, Madrid, 2001, p. 9.

141. STRAUSS, David A., *The living constitution,* Oxford University Press, USA, 2010, p. 10.

142. *Cfr.*, *Ibídem*, p. 18.

143. *Cfr.*, *Ibídem*, p. 1.

No obstante lo anterior, reconoce la importancia del texto escrito y en cierta forma de la rigidez constitucional, de hecho entiende el sistema desde una perspectiva dual, donde convergen la Constitución viviente y la escrita, pues menciona:

> «The living Constitution is a central part of our law, but is only a part. The written Constitution remains absolutely crucial. The problem is how to reconcile the two: how we can have both a static written constitution and a dynamic living constitution in the same system»[144].

La respuesta la encuentra el autor, por lo que respecta a los Estados Unidos, en sistema del *Common law*, pues considera que:

> «Our constitutional system (...) has tapped into an ancient source of law, one that antedates the Constitution itself by several centuries. Than ancient kind of law is the common law. (...) the common law is built out of precedents and traditions that accumulate over time. Those precedents allow room for adaptation and change, but only within certain limits and only in ways that are rooted in the past. (...) A common law constitution is a "living" constitution, but it is also one that can protect fundamental principles against transient public opinion»[145].

Al respecto podemos comentar que, si bien lo acentuado del sistema del derecho común en América puede explicarnos por qué desde temprana época los tribunales en general y las Cortes en especial han sido no sólo los guardianes sino también los intérpretes de la Constitución norteamericana, llegando muchas veces con su interpretación a darle sentidos diversos al texto de la misma, (lo que, en nuestra óptica han constituido verdaderas mutaciones constitucionales) actuaciones que en términos generales se han aceptado más o menos pacíficamente; sin embargo, entender al common law como un sistema que permite la evolución del sistema jurídico a través de las resoluciones de los tribunales, no resuelve el tercer punto propuesto por Young como un signo de activismo judicial, que es precisamente cuando lo Corte se aparta de los precedentes.

3) Apartarse del precedente judicial

El problema del precedente en Estados Unidos tiene un peso específico, pues el *stare decisis,* podemos decir, es una institución que le da certeza a un sistema judicialista, donde desde luego es factible abunden criterios múltiples y diversos respecto a infinidad de temas, por lo que en aras de la seguridad jurídica el precedente forma parte imprescindible para mantener la cohesión sistemática y el Estado de Derecho, incluso el propio Young entiende que el cambiar un precedente se asemeja al uso de una facultad legislativa, pues el poder ignorar los precedentes sugiere una discreción legislativa ya

144. *Ibídem*, p. 5.

145. *Ibídem*, p. 3.

que son las legislaturas las que generalmente carecen de autoridad para obligar a sus sucesores[146].

En este sentido, el mismo autor nos comenta que el hecho de que una Corte se aleje del precedente tiene el mismo sentido y alcance activista de cuando la Corte se impone a alguno de los otros poderes del Estado, ya que las desviaciones del precedente comparten el mismo tema activista de negarse a reconocer fuentes de autoridad por encima del propio juicio del tribunal[147].

Pues bien, en este tema, es muy común que los juristas y estudiosos del derecho con tradición del *civil law*, consideren que el apartarse de precedentes no constituya una práctica reprochable para las Cortes Supremas, pero en Estados Unidos implica mayor problema dada la institución antes comentada del *stare decisis,* pues coincidimos con lo que expone Alejandro M. Garro cuando dice:

> «En la tradición jurídica de los Estados Unidos, aun cuando jamás se ha considerado que la doctrina constitucional elaborada por la Corte sea de obligatoriedad absoluta o mecánica, el atenerse a la doctrina sentada en pronunciamientos previos de la Corte se considera una práctica sumamente saludable a fin de evitar que la interpretación de la Constitución sea manipulada conforme a las preferencias ideológicas o a la "agenda política" de cada uno de los nueve jueces de turno. Además, es sabido que en los Estados Unidos y demás países de cultura jurídica anglosajona existe una tradición de respeto al precedente judicial no solamente en el área constitucional, sino en todas las otras ramas del derecho (doctrina generalmente conocida con la expresión latina stare decisis: stare decisis et quieta non moveré)»[148].

Resulta claro entonces el hecho de que por esta tradición se considere que cuando una determinada integración de la Corte Norteamericana tiende mucho a cambiar criterios anteriores, contrariando precedentes importantes, se le considere como una Corte «activista».

4) Resolver con criterios «maximalistas» en lugar de «minimalistas»

Este criterio, según lo entendemos es el que está más relacionado con el elemento de la auto-restricción que muchos tribunales en determinados momentos y circunstancias pueden o deben de ejercer, ya que según el propio Young, siguiendo criterios establecidos por Cass Sunstein refiere que un juez minimalista debe tender al menos a resolver tomando en cuenta lo

146. YOUNG, Ernest A., *op. cit.*, p. 1150.

147. *Cfr.*, *Ibídem*, pp. 1150-1151.

148. GARRO, Alejandro M., «Reflexiones sobre la Corte Suprema de Estados Unidos en su actual composición y el rol institucional de la Corte», en *Revista Española de Derecho Constitucional*, Año 12, No. 35, Mayo-Agosto 1992, pp. 89-90.

siguiente: 1) Un juez minimalista busca utilizar técnicas para evitar decidir cuestiones delicadas lo que Bickel denomina *virtudes pasivas*;[149] 2) Un juez minimalista tenderá a resolver los asuntos poco a poco, dejando consideraciones pendientes para casos subsecuentes y 3) el minimalismo también se da interpretando decisiones anteriores (precedentes) cambiando lo menos posible[150].

En el otro extremo, un juez maximalista tenderá a usar los casos individuales que se le presenten como oportunidades para anular leyes o decidir cuestiones que pudieran evitarse o dejarse para otro momento[151].

En este sentido consideramos que la tendencia de un juzgador a ser «minimalista» o «maximalista» en sus decisiones en buena medida está relacionada con su sentido de protagonismo, ya sea jurídico o político, pues es innegable que ciertos jueces al resolver sobre todos casos difíciles pretenden algunas veces establecer criterios novedosos a veces altamente técnicos desde el punto de vista jurídico, y en otras ocasiones lo que buscan es llamar la atención políticamente ya sea desde el punto de vista de la política interna del poder judicial o más relacionada a política externa o partidista, situación que se comentara *infra*.

5) Ejercer amplios poderes remediales

La tendencia de los tribunales a imponer correcciones jurídico-constitucionales cuando es evidente la inconstitucionalidad de actos de los otros poderes también puede considerarse como un determinado tipo de activismo judicial, pues como explica el propio Young se pueden considerar como un quinto tipo de activismo el «activismo correctivo» integrado por el amplio catálogo de recursos impuestos y supervisados por las cortes federales en materia constitucional[152].

Desde esta perspectiva consideramos que sólo se puede hablar de activismo cuando esta tendencia remedial fuera excesiva, pues no se puede reprochar a los jueces el corregir vicios de inconstitucionalidad de otros actores institucionales, cuando partimos de la base de que esa es precisamente una de sus funciones principales.

6) Decidir casos, de acuerdo con las preferencias partidistas de los jueces

Es quizá esta una de las críticas más agudas y justificadas cuando se habla de activismo judicial, pues en ocasiones aparece evidente la línea política en decisiones tomadas por los ministros o jueces de las altas Cortes o Tribunales Constitucionales.

149. BICKEL, Alexander M., *op. cit.*, pp. 111-198.

150. YOUNG, Ernest A., *op. cit.*, p. 1151.

151. *Ibídem*, p. 1152.

152. *Cfr.*, YOUNG, Ernest A., *op, cit.*, p. 1154.

Para Young una forma final de activismo es el uso del poder judicial para lograr objetivos claramente partidistas, donde se denota una lealtad al partido más que una ideología[153].

Respecto a esta crítica, pudiera alguien disentir alegando que incluso en los inicios del control judicial de la Constitución *Marbury vs. Madison*, la institución del *judicial review* nace dentro del contexto de pugna partidista entre los federalistas de Adams y Marshall y los republicanos de Jefferson y Madison, no obstante creemos que este reproche sería injusto para Marshall pues consideramos que las decisiones tomadas por este último durante su estancia en la Corte Suprema de Estados Unidos, obedecieron más a cuestiones de ideología respecto al proyecto de país que a una intención partidista, ya que su partido estaba prácticamente desaparecido, es por ello que la línea política de Marshall tendió más a fortalecer la Unión del joven país, reforzar las facultades de los poderes federales sobre los Estados y las propias de la Corte[154].

Ahora bien, en la actualidad también debemos de intentar separar la ideología de cada uno de los miembros de un tribunal respecto a su actuación partidista, pues la primera es inherente a todas las personas y difícilmente puede dejarse de lado por quienes resuelven cuestiones jurídico-políticas como son las constitucionales, sin embargo, una actuación abiertamente partidista siempre será a nuestro ver, motivo de reproche tanto político como jurídico, pues ello destruye las bases de la democracia limitada que generalmente constituye un fin de toda Constitución. Es decir, sería inútil siquiera concebir la existencia de un «coto vedado» o «mínimo existencial», sí el núcleo de derechos fundamentales que lo integrarán estuviera sujeto a las consideraciones (conflictos de intereses y negociaciones) de los partidos políticos, resueltas a través de sus agentes judiciales o «militantes con togas».

No obstante lo anterior, debemos ser conscientes del peso que tiene muchas veces el compromiso político de los Ministros o Jueces Constitucionales respecto al Poder que los designa, que en la mayoría de los casos implica al menos una nominación por parte del titular del poder ejecutivo, mismo que desde luego por regla general forma parte de algún partido político, por ello coincidimos con Fiss cuando al hablar de la independencia judicial, reconoce que las garantías judiciales no bastan para que aquélla sea efectiva en todos los casos, ya que las garantías formales de la Constitución frecuentemente se ven comprometidas por el constante sentido de lealtad y gratitud que los magistrados demuestran al presidente que los ha nominado[155].

Sin embargo y como el mismo autor lo reconoce, este ingrediente de dependencia se ve aminorado por el hecho de que, en virtud de la periodicidad del

153. *Cfr.*, *Ibídem*, p. 1157.

154. McCloskey, Rober, tG., *op. cit.*, pp. 26-80.

155. Fiss, Owen, *La independencia judicial* Tr. María del Pilar Venegas, en Colección Seminarios, No. 8, Marzo 1989, Universidad Diego Portales, Santiago de Chile, p. 56.

ejecutivo y la inamovilidad del poder judicial, es frecuente que los Ministros nominados por un presidente siempre representen una minoría en la Corte.

Pues bien, una vez analizados los criterios propuestos por Young, para ponderar un posible activismo judicial, consideramos importante detenernos en otro autor norteamericano que aborda el problema desde una óptica diferente, ya que Peter H. Schuck, parte de la premisa de que, «sin tribunales no hay gobierno y, ciertamente, no hay democracia»[156]. Pero, ¿Cuál es la relación entre jueces, gobierno y democracia? Schuck, si bien advierte que esta relación es cambiante de una colectividad a otra, no obstante propone cinco variantes esenciales a saber:

> «(1) el grado de independencia judicial; (2) el prestigio social disfrutado por los jueces y por otros miembros que ejercen la profesión del derecho; (3) la autoridad jurídica formal conferida y ejercida por los tribunales; (4) el papel tanto de las instituciones como de los procesos característicos de la sociedad civil en la tarea de darle forma a las decisiones jurídicas y políticas y (5) el papel de los actores estatales no judiciales»[157].

Consideramos importante el comentar estas variables propuestas por el autor en razón de que, a nuestro juicio, y a diferencia de la visión de Young, este autor analiza el problema desde una óptica externa al propio poder judicial.

a) La independencia judicial

Es indiscutible que el grado de independencia de los jueces es un elemento importante para comprender el comportamiento de los mismos, en este sentido Schuck entiende por independencia judicial la libertad de los jueces para adelantar sus propios procedimientos y acceder, de este modo, a ciertas decisiones particulares sin tener en cuenta los deseos o las presiones de otros actores estatales al igual que de otros grupos sociales de poder[158].

En este sentido, consideramos oportuno resaltar lo que Owen Fiss comenta respecto a la independencia judicial, pues en su opinión el concepto de independencia judicial no consiste en una sola idea sino más bien, en tres ideas diferentes, las cuales denomina: independencia personal, independencia política y finalmente, independencia intelectual[159].

Por independencia personal, el autor en comento hace énfasis en que los jueces (al menos en Estados Unidos) gozan de una inmovilidad de por vida

---

156. Schuck, Peter H., *El poder judicial en una democracia* (2004). SELA (Seminario en Latinoamérica de Teoría Constitucional y Política) Papers. Paper 31. http://digitalcommons.law.yale.edu/yls_sela/31, p. 1.

157. *Ibídem*, p. 2.

158. *Ibídem*, p. 3.

159. Fiss, Owen, *op. cit.*, p. 53.

y de la garantía de que no se les puede disminuir el sueldo; además refiere que, en tratándose de los Ministros de la Suprema Corte esta independencia es mayor porque cada Juez se considera a sí mismo una autoridad máxima que de alguna manera encarna la soberanía judicial[160]; es quizá esto, una de las razones que explican la existencia de los votos particulares o disensos en los Tribunales Superiores.

En palabras del propio Fiss:

> «La insistencia y el conocimiento de que cada juez se sabe y se siente facultado para adoptar una resolución, para interpretar la Constitución según lo estime más conveniente en un momento dado, y el que, al mismo tiempo, cada uno debe asumir la responsabilidad individual al dictar una sentencia, (...) Lo anterior, lo denominaría como un concepto de independencia personal»[161].

Respecto a la independencia política, el autor que seguimos indica al menos tres fuentes de la misma, 1) las garantías formales de la Constitución; 2) La opinión pública y 3) la argumentación hecha por los propios jueces.

Respecto a la primera, encuentra lo que ya se mencionó sobre inamovilidad y protección del salario.

En cuanto a la opinión pública, refiere que cuando un juez la encuentra favorable al sentido de su sentencia, se ve fortalecido en cuanto a su independencia, ya que un magistrado no puede ser removido de su cargo, pero, a éstos no les preocupa ser removidos o no, sino la forma en que aparecerán ante la historia[162].

Sobre la tercera de las fuentes, indica que los jueces pueden estructurar a través de la argumentación y manipulación legal doctrinas que los legitimen y den independencia política, utiliza como ejemplo el caso de la «censura previa» doctrina esbozada por la Corte Suprema de los Estados Unidos en el caso del Pentágono en 1971[163].

Por último, respecto a la independencia intelectual, aunque el autor reconoce que los tribunales siempre tienen como punto de partida el derecho positivo, no obstante esto, la decisiones de los jueces involucran un elemento de independencia intelectual porque deben fijar del material normativo recibido un juicio, en consecuencia el proceso intelectual no es meramente

160. *Ibídem*, p. 54

161. *Ibídem*, p. 55.

162. *Ibídem*, p. 57.

163. A finales de los años sesentas se presentaron ciertas filtraciones de documentos clasificados del pentágono, mismos que se hicieron públicos a través de diversos medios escritos de la prensa, el Fiscal General ordeno a estos medios detuvieran la publicación de más documentos, orden que fue apelada por la prensa por lo que en última instancia la Corte resolvió en el sentido de que el impedir la publicación viola la libertad de expresión, con ello estableció la doctrina de la «censura previa».

deductivo, y en consecuencia no está determinado sino sólo condicionado por las leyes[164].

Con lo analizado acerca de la independencia judicial, queda claro que es un factor que juega un papel importante en cuanto al comportamiento de los tribunales, ya que la independencia también ha permitido que los tribunales protejan el disenso y la diversidad a pesar de múltiples presiones políticas para que exista uniformidad. Dicha protección, a su vez, ha incentivado de manera significativa la estabilidad social y las libertades individuales[165].

Por lo anterior, queda claro el importante rol de la independencia judicial no sólo respecto del posible activismo judicial, sino para la defensa adecuada de los derechos fundamentales de las personas, ya que como expresa Brewer-Carías, el juez constitucional sometido al poder, es más bien un instrumento de consolidación del autoritarismo[166].

Es por ello que toda democracia que se precie de serlo, debe contar con un poder judicial que goce de independencia tanto jurídica como política, pues como apunta Carbonell:

> «...en primer lugar, (...) una democracia consolidada requiere de un aparato judicial que pueda dirimir y procesar imparcialmente los conflictos sociales más relevantes; en segundo lugar, que los procesos judiciales (...) permiten aportar al debate público una serie de razones que de otra manera pueden quedar marginadas (...); en tercer término, que los tribunales independientes pueden asegurar las condiciones necesarias para que el diálogo político-constitucional se mantenga abierto y en el que todas las partes tengan asegurada su posibilidad de participar»[167].

b) El prestigio judicial

Según Schuck, el prestigio social es un elemento que también nos ayuda a explicar parte del comportamiento de la judicatura, y para él, el estatus social de los jueces depende:

> «...del alcance de su autoridad formal (...), del nivel de poder real que se espera que ejerzan, del respeto público por sus capacidades y su desempeño, de la exclusividad y del tamaño de la judicatura, de la estima con la cual son vistos por otras personas e instituciones prestigiosas y del hecho que se les asocie con una tradición respetable y con un protocolo solemne»[168].

---

164. *Cfr.*, FISS, Owen, *op. cit.*, p. 59.

165. SCHUCK, Peter H., *op. cit.*, p. 7.

166. BREWER-CARÍAS, Allan R., *op. cit.*, p. 52.

167. CARBONELL, Miguel, «Los guardianes de las promesas. Poder Judicial y democracia en México». En *Revista Iberoamericana de Derecho Procesal Constitucional*, N. 2, Julio-Diciembre 2004, Editorial Porrúa, México, p. 31.

168. SCHUCK, Peter H., *op. cit.*, p. 8.

Esta perspectiva nos resulta interesante pues de alguna manera nos lleva a pensar que en algunas de las ocasiones en las que podemos encontrar comportamientos activistas en los jueces pudiera tratarse de una competencia por el prestigio social, pues si bien puede ser cierto o no que la reputación de otros actores políticos decrece, lo cierto es que cuando los tribunales desafían en sus juicios a los políticos, usualmente elevan su reputación como guardianes de los principios del Estado de Derecho[169].

No obstante que estamos de acuerdo en lo general con esta idea del prestigio social de los jueces y su papel en el comportamiento que despliegan, no se puede dejar de lado que para que efectivamente la judicatura pueda competir por ese prestigio a un grado incluso de desafiar a otras ramas del poder político es indispensable que se viva una verdadera independencia judicial, de lo contrario la búsqueda de un prestigio a través de resoluciones serias que se identifiquen con el establecimiento de un correcto Estado democrático de Derecho, resultaría una aspiración con pocas posibilidades de realizarse.

En este sentido, es oportuno hacer referencia a los valores, principios y responsabilidades que a juicio de Humberto Nogueira se debe exigir a todo juez constitucional.

Según este autor:

> «El juez constitucional tiene la tarea de evitar que cualquier órgano estatal escape de la senda trazada por el constituyente, actuando al margen de sus competencias y con desviación de poder. (...)El juez constitucional debe ser consciente que sus decisiones no son sólo jurídicas sino también políticas, no pudiendo sustraerse de las consecuencias de sus fallos, debiendo incorporar tales consecuencias en su razonamiento jurídico. (...) El juez constitucional está lejos de ser, como sostenía Montesquieu, la boca que pronuncia las palabras de la ley, en una operación mecánica. El juez constitucional es responsable de una interpretación creativa, de darle vida al texto constitucional abstracto y de textura abierta, discerniendo su sentido correcto para la solución del problema presente y en el contexto actual, teniendo en cuenta el objeto y fin de la norma dentro del contexto del conjunto normativo. (...) El juez constitucional debe tener conciencia responsable de sus opciones, de su concepción de Constitución, de su opción por la Constitución testamento o por la Constitución viviente, en la opción por el activismo o la autolimitación judicial (...), como asimismo, el juez constitucional debe asumir un conjunto de principios y reglas de interpretación constitucional y ser coherente con ellos. (...) En esta perspectiva, el juez constitucional debe tener la responsabilidad de debatir a fondo en el seno del tribunal buscando la solución que se considere más correcta, empleando a fondo la fuerza de la argumentación jurídica, ya que la autoridad de sus resoluciones se basa en último término en la persuasión de sus fundamentos e interpretaciones»[170].

---

169. *Ibídem*, p. 10.

170. NOGUEIRA ALCALA, Humberto, *La independencia y responsabilidad del juez constitucional,* en Revista Iberoamericana de Derecho Procesal Constitucional, No. 1, Enero-Junio 2004, Editorial Porrúa, México, pp. 88-90.

c). La autoridad jurídica

Aquí el autor seguido nos habla no sólo de la autoridad formal de los tribunales, entendida como el alcance de la jurisdicción y la eficacia de sus fallos, sino también del especial papel que tienen los jueces en ser guardianes de la Constitución, pues tal y como indica, la distinción entre derecho y política se vuelve incluso más esquiva cuando los tribunales entienden ampliamente, como en el caso de los Estados Unidos, que gozan de una responsabilidad institucional especial en la labor de interpretación y de adjudicación en materia constitucional[171].

Además de lo anterior, refiere el fenómeno que ya analizamos al hablar del neo-constitucionalismo, en el sentido de que al incluir las Constituciones cada vez más derechos fundamentales, valores y principios, crece la influencia de los jueces, ya que explica que:

> «El hecho de que tanto cartas políticas de los Estados europeos como las normas fundamentales de la Unión Europea tiendas a incluir derechos de carácter más "positivo" en materia de garantías económicas y sociales brindadas por el Estado, que aquellos que son conferidos por las constituciones federales y estatales de Estados Unidos, significa que dichos tribunales se hallan destinados a involucrarse de forma más que evidente en diversas controversias de tipo político y distributivo»[172].

En este sentido también Carbonell indica que:

> «Tanto la concretización constitucional como la argumentación en la materia, dan lugar (o deben dar lugar) a jueces activistas. El activismo judicial no significa ni implica que el juez pueda sustituir con su criterio personal las decisiones que ha tomado el constituyente. (...) El activismo judicial bien entendido, significa simplemente que el juez toma todas las normas constitucionales en serio y las lleva hasta el límite máximo que permite su significado semántico, a fin de proteger con la mayor extensión normativa y fáctica los derechos fundamentales. Precisamente, el activismo será más marcado en materia de derechos y mucho más moderado (o deferente) cuando se trate de cuestiones relativas a la división de poderes o al ejercicio de competencias públicas»[173].

Coincidimos con el autor en el sentido de que, por regla general se esperaría que en tanto se presenten más controversias sobre derechos fundamentales, más natural sería una reacción activista por parte de los jueces, y en materia política y cuestiones competenciales deberían prevalecer criterios de auto-restricción, sin embargo no siempre sucede de esta forma.

---

171. Schuck Peter H., *Op. Cit.*, P. 12.

172. *Ibídem.*, p. 13.

173. CARBONELL, SÁNCHEZ Miguel, *Derechos fundamentales y activismo judicial en América Latina,* en la Obra: «Derecho Constitucional de los Derechos Humanos», Editorial Porrúa y Escuela Libre de Derecho, México, 2014, p. 18.

d). El papel de la sociedad civil

En este sentido Schuck parte de una premisa innegable, el poder judicial tiende a ampliar su actividad, autoridad y prestigio en la medida en que los conflictos sociales se le presentan como procesos judiciales, pues en cuanto más se hallen diferenciados los intereses, los valores y los grupos sociales, mayor será la probabilidad de conflictos y de disputas entre ellos[174].

En cuanto a este punto Miguel Carbonell siguiendo a Charles R. Epp, nos comenta que:

> «...podemos constatar que las experiencias de fuerte activismo judicial suelen estar acompañadas de ciertas dosis de "activismo social", mayor o menor dependiendo del contexto de que se trate, pero casi siempre presente; ese activismo social cancelaría las críticas que sostienen que la actuación garantista (o activista) de los jueces contiene riesgos anti-democráticos»[175].

Ese «activisno social» es lo que el propio Charles R. Epp, denomina «Estructura de Soporte» de las revoluciones de derechos, pues parte de la hipótesis de que todo cambio significativo en el reconocimiento de derechos y fortalecimiento de los tribunales, va acompañado de un cambio en la sociedad que facilita el andamiaje de ese tipo de revoluciones, en palabras de propio autor:

> «...sustained judicial attention and approval for individual rights grew primarily out of pressure from below, not leadership from above. This pressure consisted of deliberate, strategic organizing by rights advocates. And strategic rights advocacy became possible because of the development of what I call the support structure for legal mobilization, consisting of rights-advocacy organizations, rights-advocacy lawyers and sources of financing, particularly government-supported financing»[176].

Como consecuencia de esta tesis tendríamos que aceptar que el activismo judicial puede surgir como consecuencia de una movilidad jurídico-social que presione a los tribunales mediante el fortalecimiento de acciones legales sobre todo en materia de litigio estratégico en derechos humanos.

e). El papel de los actores públicos no judiciales

La presente cuestión parece cobrar más interés día a día, pues como bien indica Peter Hárbele, la teoría de la interpretación se centró en sus funciones y objetivos; los métodos de interpretación pero descuidó el problema de los participantes en la misma[177].

---

174. SCHUCK, Peter H., *op. cit.*, p. 14.

175. CARBONELL SÁNCHEZ, Miguel, Derechos *fundamentales y activismo judicial en América Latina*, p. 21.

176. EPP, Charles R., *The Rights Revolutions, lawyers, activists, and supreme courts in comparative perspective*, The University Of Chicago Press, USA, 1998, p. 2-3

177. HÄRBELE, Peter, *El Estado constitucional,* p. 149.

Por lo anterior, plantea la tesis de una interpretación por una sociedad abierta, de forma tal que en los procesos de la interpretación constitucional estén incluidos potencialmente todos los órganos del Estado, todos los poderes públicos, todos los ciudadanos y los grupos[178].

Ahora bien, al respecto Schuck enfoca su argumento en relación a la diferencia que se da entre la interpretación hecha por los jueces y aquella realizada por los actores políticos de las otras áreas del gobierno, resaltando que los tribunales a diferencia de los políticos hablan el lenguaje de los principios generales y se resguardan bajo el concepto de "Estado de Derecho", y cuando los políticos fracasan en brindar ciertos bienes públicos que la ciudadanía exige, los litigantes cuentan con la vía de los tribunales invocando alguna ley para que mediante acciones judiciales se materialicen los bienes públicos exigidos, a través de principios o medidas de reparación o compensación[179].

Al respecto podemos decir que es indudable que los tribunales tienen en principio una legitimación mayor al momento de resolver los conflictos que se les plantean interpretando a un tiempo la Constitución, sin embargo consideramos que en gran medida esa legitimación viene de su propia actuación, de la argumentación y el papel que efectivamente asumen o han asumido en la consolidación del Estado de Derecho, lo que de nuevo nos remite a la posibilidad de que los jueces sean más activos, cuando los demás actores políticos y la opinión pública así se los demande, sobre todo cuando se involucra la protección de derechos fundamentales.

No obstante lo anterior, no podemos pasar por alto un problema advertido por el propio Schuck, cuando se pregunta sí ¿es esta tendencia buena o mala para la democracia?, a lo que contesta:

> «La respuesta por supuesto, consiste en que ello depende de las concepciones que uno tenga sobre la democracia, de la teoría que uno mantenga respecto a la separación constitucional de poderes y de la evaluación que uno realice sobre las fortalezas y las debilidades características de los tribunales, de un lado, y de los agentes políticos responsables de establecer políticas públicas (...) del otro»[180].

Continúa diciendo:

> «Las falencias de las agencias administrativas y de las corporaciones de carácter legislativo han sido juiciosamente demostradas en diversos contextos. (...) Los puntos de comparación más importantes pueden ser agrupados bajo tres categorías: la racionalidad y los conocimientos especializados en materia orga-

178. *Ibídem*, p. 150.

179. *Cfr.*, SCHUCK, Peter H., *op. cit.*, p. 17.

180. *Ibídem*, p. 19.

nizacional, el grado de éxito en materia de implementación y el nivel de atención política frente a las necesidades y exigencias de los ciudadanos»[181].

No obstante lo anterior, resalta la debilidad que tienen los tribunales cuando pretenden incursionar en ámbitos de políticas públicas pues los jueces son preparados como abogados versados, usualmente como litigantes y no como especialistas en materia de políticas públicas. Los tribunales no cuentan con ningún elemento confiable y contundente de retroalimentación para mensurar los efectos reales a los que conducen sus políticas[182].

Por lo que, en tanto los tribunales asuman responsabilidades más abarcantes y complejas, y el público aprenda más acerca de qué tan eficaces o ineficaces son en el desempeño de dicha tarea, lo que se puede esperar es que crezca el nivel de desacierto de los tribunales —y el desencanto público frente a los mismos— aumente también[183].

3.3. Conclusión del capítulo

En términos generales podemos concluir que el tema del activismo nos lleva a reconducir la atención en buena medida al problema de los métodos de interpretación que actualmente son aceptados, sobre todo al método evolutivo, que viene a ser una opción francamente contraria a la idea de un textualismo u originalismo de la Constitución y que tiene como base la idea de una Constitución viviente.

En efecto, está idea de *living constitution* viene a plantear la posibilidad de entender la Constitución según las necesidades del momento en que se plantee la duda, esto a través de la interpretación hecha por los tribunales, lo que desde luego no implica un activismo, pues somos de la idea de que el activismo no se da sólo por utilizar tal o cual método de interpretación, así como no se deriva de los méritos de las resoluciones. El activismo surge más de posiciones políticas e institucionales, que vulneran a nuestro entender el equilibrio constitucional entre poderes, por ello creemos que en materia de reconocimiento y protección de derechos fundamentales es difícil hablar de activismo, sin embargo, en materia de conflictos entre órganos políticos sería más común que se presentara, lo anterior sin desconocer que pueden darse casos en los que decisiones entendidas como activistas por una mayoría de críticos, estén directamente vinculadas con derechos fundamentales.

181. *Ídem*.

182. *Cfr.*, *ídem*.

183. *Cfr.*, *Ibídem*, p. 22.

CAPÍTULO 4

LA AUTO-RESTRICCIÓN JUDICIAL

4.1. Introducción

El concepto de auto-restricción judicial *(judicial self-restraint)* en principio nos parece una idea un tanto difusa, que según la escasa doctrina (en su mayoría norteamericana) a veces se le relaciona con aspectos intrínsecos a la personalidad de los jueces, como pueden ser las «virtudes pasivas» en el sentido bickeliano referido *supra*, en otras ocasiones se piensa que la auto-restricción es una consecuencia lógica de la interpretación jurídica que tiene sus bases en la propia Constitución o bien se puede colegir como una posición política para determinados casos atendiendo a las circunstancias que rodean a la decisión judicial etc., sin embargo, independientemente de cuál de estas acepciones sea la idónea, queda claro que hablar de auto-restricción implica siempre referirnos a una actuación prudente, a veces pasiva de los juzgadores ante la toma de decisiones especialmente importantes para la sociedad o bien lo que se ha dado en llamar «casos difíciles», lo cual hace complicado el poder teorizar al respecto, pues existe una amplia posibilidad de caer irremediablemente en un estudio casuista que no alcance cánones de cientificidad.

No obstante lo anterior, y para fines del presente estudio, consideramos importante hacer un análisis acerca de si existe en verdad lo que se ha dado en llamar auto-restricción judicial, y si en efecto la encontramos, ¿en qué consiste? ¿Cuáles son sus elementos teóricos o sus alcances? Y también, ¿Cuáles son los instrumentos prácticos o procesales? A eso nos dedicaremos de manera concisa en las siguientes líneas, por lo que abordaremos el tema desde estos dos puntos de vista —definición o elementos teóricos— y técnicas de la auto-restricción.

4.2. Elementos teóricos de la auto-restricción judicial

En principio consideramos que la acepción de auto-restricción con base en la propia Constitución resulta ser un tanto débil (al menos sin parámetros definidos), pues tal y como se analizó *supra,* la interpretación constitucional se ha convertido en una técnica aparentemente compleja reservada para los altos jueces o «científicos» del derecho, al menos la que dentro del fenómeno de un neo-constitucionalismo se considera «correcta» y con ello se presenta la discrecionalidad (¿arbitrariedad?) en la interpretación, que muchas veces aparece en una diáfana separación entre el texto normativo y lo que el intérprete colige del mismo, en este sentido retomamos una cita de Prieto Sanchís donde indica:

> «...la rematerialización de la Constitución supone un desplazamiento de la discrecionalidad desde la esfera legislativa a la judicial; bien es verdad que no se trata ya de la misma discrecionalidad, y la diferencia debe o debería ser esencial: la del legislador ha sido siempre una discrecionalidad inmotivada, justificada en el mejor de los casos en su legitimidad democrática, mientras que la del juez pretende venir domeñada por una depurada argumentación racional»[184].

Visto lo anterior, es claro que el problema está en los términos «debería» y «domeñada», pues en los hechos existen resoluciones de las altas Cortes que carecen de una argumentación suficiente y adecuada, a veces pareciera que lo único que las motiva es la conciencia de que son la última instancia y en consecuencia no pueden ser cuestionadas jurídicamente en forma válida o eficaz; por otro lado existen ocasiones en que la argumentación se hace tan extensa que termina justificando la separación del texto constitucional o en ocasiones la franca mutación, sobre todo por lo que toca a las llamadas sentencias de interpretación conforme o de manipulación constitucional.

En relación a la interpretación conforme, este tipo de sentencias para autores como Fix Zamudio y Eduardo Ferrer, tienen su origen en las aportaciones de los fallos del Tribunal Federal Constitucional de la República Alemana, y su esencia la encuentran en el hecho de que las disposiciones legislativas gozan de presunción de constitucionalidad, por lo que, cuando una Corte o Tribunal Constitucional encuentra un motivo insuperable de inconstitucionalidad, debe primero intentar conciliar la norma legislativa con la fundamental, por conducto de una interpretación obligatoria que, aunque puede cambiar el sentido del texto, salva la declaratoria de inconstitucionalidad[185].

En este sentido Fernández Segado señala que esta técnica entraña que una disposición susceptible de interpretación sólo pueda ser declarada inconstitucional cuando ninguna de las interpretaciones posibles, o si se prefiere, ninguna de las normas extraíbles por vía hermenéutica de tal disposición sea conforme a la Constitución[186].

---

184. Prieto Sanchís, *op. cit.*, p. 115.

185. *Cfr.*, Fix Zamudio, Héctor y Ferrer Mac-Gregor, Eduardo, *Las sentencias de los Tribunales Constitucionales,* UNAM, IMDPC y Porrúa, México, 2009, pp. 19-20.

186. Fernández Segado, Francisco, «El control de las omisiones legislativas por el "BUNDESVERFASSUNGSGERICHT"», en: *Teoría y realidad constitucional*, No. 22, 2.° semestre, Universidad Nacional de Educación a Distancia Editorial Universitaria Ramón Areces, S.A., Madrid, 2008 p. 131.

No obstante lo anterior, coincidimos con Olano García[187] en que este principio de interpretación posee sus raíces en la jurisprudencia del tribunal supremo norteamericano, que exige la interpretación de las leyes *«in harmony with the Constitution»*.

Ahora bien, la discrecionalidad todavía se hace más evidente frente a las llamadas sentencias manipulativas sobre todo en su vertiente aditiva o sustitutiva, que según nos explica Humberto Nogueira, las primeras se presentan cuando existe una decisión de estimación parcial que, luego de declarar la inconstitucionalidad una norma construida mediante interpretación, llega a crear una norma, por vía de sustitución o adición, con un significado opuesto a la norma declarada inconstitucional[188].

Respecto a las sentencias sustitutivas, explica que las mismas se desarrollaron en Italia, y hacen referencia a los casos en que la Corte Constitucional expulsa del ordenamiento jurídico una disposición normativa por considerarla inconstitucional, sustituyendo el vacío normativo por una regulación del carácter específico que tiene apoyo constitucional directo[189].

Si a lo anterior sumamos la facultad que tienen los altos tribunales para reinterpretar el significado de los textos constitucionales, a veces incluso dando un sentido distinto al del propio texto, es claro que desde el punto de vista jurídico es mucha la concentración de poder que pueden llegar a tener los mismos, es por esto que compartimos la postura de Hesse cuando señala que los límites de la mutación constitucional están contenidos en el propio texto constitucional: por ello resulta inadmisible una interpretación diferente de los enunciados constitucionales en abierta contradicción con su texto[190].

Por todo lo anterior, coincidimos con John P. Roche, en el sentido de que es ingenuo pensar que las Cortes Supremas están limitadas por lo que dicta la Constitución, razón por la que hay que buscar diversas fuentes de la restricción judicial[191].

Ahora bien, pudiera considerarse que este es un problema de interpretación constitucional y en consecuencia se aleja del fenómeno de auto-restricción en sentido estricto, por ello, una vez hecho el comentario respectivo nos centramos en lo que propiamente se ha venido considerando auto-restricción, y para ello seguiremos al profesor y juez Richard Posner, mismo

187. OLANO GARCÍA, Hernán Alejandro, *Interpretación y neoconstitucionalismo,* Editorial Porrúa, México, 2006, p. 161.

188. NOGUEIRA ALCALÁ, Humberto, «Sentencias de los tribunales constitucionales y sus efectos en América del Sur», en *Revista Iberoamericana de Derecho Procesal Constitucional*, No. 2, Julio-diciembre, 2004, p. 92.

189. *Ibídem*, p. 96.

190. HESSE, Konrad, *op. cit.*, p. 10.

191. *Cfr.*, ROCHE, John P., *Judicial Self-Restraint,* American Political Science Review, 49, 1955, p. 764.

que nos indica que a su entender existen al menos cinco sentidos en que se puede calificar a la actuación de un juez como de auto-restricción: 1) Cuando no permite que sus puntos de vista sobre la política influyan sobre su decisión; 2) Cuando es cauteloso, circunspecto y vacilante sobre incorporar sus puntos de vista; 3) Cuando se es consciente sobre las restricciones de la práctica política en el ejercicio de la judicatura; 4) Aquél cuyas decisiones son influenciadas por la preocupación de reducir la promiscua creación judicial de derechos, resultado del empantanamiento de las Cortes en litigios que no pueden resolver efectivamente, y 5) el que quiere reducir el poder de su tribunal en relación a otros poderes del estatales[192].

A manera de síntesis el autor comenta la trascendencia de lo que él denomina la «auto-restricción deferente» *defererntial*, que identifica con la posición 2, «la auto-restricción prudente» *prudential self-restraint* donde encuadra los sentidos 3 y 4, y la «auto-restricción estructural» *structural restraint* referente al 5; dejando de lado el primer sentido por considerarlo inútil para su trabajo.

Inmediatamente después de esta exposición, el autor en cita aclara que su pretensión es centrarse en lo que él denomina la «restricción estructural», es decir, aquella que se refiere a la separación de poderes[193].

En este sentido precisa que una restricción estructural respecto a los demás poderes estatales, no debe entenderse como una posición política definida, sino como una actuación respetuosa de las Cortes sin intención ideológica, pues nos dice que:

> «It is not a liberal or conservative position as such, because it is independent of the policies that other governmental institutions happen to be following. (...)
>
> Because separation of powers judicial self-restraint implies a low profile for the courts, it tends to produce outcomes similar to those produced by prudential self-restraint are related in another way. They all can be seen as proceeding from recognition of the federal courts' special vulnerability, though this is not necessarily the most illuminating perspective. The federal courts, one has been told over and over again until de point has become thoroughly hackneyed, lack the power or purse or sword, lack the legitimacy conferred by an electoral mandate, yet have responsibility for countermanding the elected branches. (...)
>
> Hence, the argument continues, the courts are the weakest branch of the federal government. They can preserve their influence only by conserving their political capital...»

Esto desde luego nos remite de nuevo a la cuestión contra-mayoritaria analizada con anterioridad, sin embargo, al margen de lo que ya se dijo en

192. POSNER, Richard A., «The Meaning of judicial Self-Restraint», en *Indiana Law Journal*, Vol. 59, No. 1, 1983, p. 10.

193. *Ibídem*, p. 11.

páginas anteriores, es menester comentar que al menos en Norteamérica, este es un tema delicado que ha levantado voces en contra, incluso a veces radicales como por ejemplo Mark R. Levin y Pat Robertson, pues el primero manifiesta que en la Corte Suprema se deciden en definitiva las cuestiones más importantes que le atañen al pueblo, y en este sentido la Corte ha traspasado todos los límites impuestos por la Constitución al poder (incluyendo el de la misma Corte), por ello, las decisiones judiciales no deben basarse en las creencias personales o preferencias políticas de los jueces, porque estos tienen un rol diferente, ya que están obligados a dar respuestas a los temas que se les plantean pero con sujeción a la Constitución y a las leyes; tienen el deber de abordar sus responsabilidades con moderación[194].

Pat Robertson, a propósito del artículo III, sección I de la Constitución Norteamericana, donde se lee que los jueces permanecerán en sus puestos mientras mantengan una «buena conducta» (*shall hold their offices during good behaviour*), nos dice que no obstante que derivado de esto, se supone que los jueces están sujetos no solamente al escrutinio de las demás ramas del gobierno sino del pueblo en general, esto no ha sido óbice para que los tribunales, mediante la reinterpretación sistemática y la lectura errónea de la Constitución, ignorando al pueblo y a través de lecturas tortuosas de la ley, hayan cambiado sustancialmente la forma de la democracia americana, distorsionando el contenido de la Constitución[195].

Precisamente para no caer en posiciones extremas compartimos la posición de Posner cuando hace énfasis en que no se puede relacionar la auto-restricción con una posición «buena» y al activismo con lo «malo» al tomar decisiones judiciales, pues en ese caso se tendría que juzgar la actuación de los jueces atendiendo a la situación histórica concreta en la que estos se encuentran[196].

De hecho, precisamente analizando las garantías judiciales de la Constitución en relación a la independencia de los jueces, extrae la presunción consistente de que los jueces, (en ciertas ocasiones) deben ser activos frente otros poderes sobre todo en la defensa de los derechos fundamentales, pues indica que es difícil imaginar por qué los redactores de la Constitución se tomaron la molestia de dotar a los jueces de garantías de independencia sino hubieran esperado de los mismos posiciones agresivas en defensa de los derechos individuales, sobre todo frente a usurpaciones de otras ramas del gobierno[197].

---

194. *Cfr.*, LEVIN MARK, R., *Men in Black, How the Supreme Court is destroying America*, Regnery Publishing, Inc., USA, 2005, p. 12.

195. *Cfr.*, ROBERTSON, Pat, *Courting Disaster, How the Supreme Court is usurping the power of Congress and the people*, Integrity Publishers, USA, 2004, p. 4.

196. *Cfr.*, POSNER, Richard, *op. cit.*, p. 14.

197. *Cfr.*, *Ibídem*, pp. 15-16.

No obstante lo anterior, también refiere los inconvenientes del activismo, cuando acepta que el mismo ha ido demasiado lejos, pues a medida que los tribunales profundizan en temas en los que no existe un consenso ético, como es el caso del aborto y de la pena de muerte, el activismo judicial se vuelve cada vez más partidista, parroquial, arbitrario e imprudente[198].

En este sentido es interesante preguntarnos si desde el punto de vista ético o moral ¿la auto-restricción judicial sugiere una posición conservadora de los jueces? O ¿estamos ante diversas categorías, de tal forma que se puede hablar de activismo conservador? este punto lo reservamos para más adelante.

Continuando con la exposición que hace Posner, vale la pena comentar algunas de las implicaciones de sus definiciones de auto-restricción, mismas que él mismo señala y que, dejando de lado un análisis acerca del posicionamiento de Holmes respecto a la filosofía de la auto-restricción judicial podemos rescatar:

A) Auto-restricción y Personalidad Judicial

En este punto, según el autor en cita, la auto-restricción judicial no se relaciona con personalidades tímidas o diferentes de los jueces, ya que esto no podría operar como sistema congruente, pues esa posición si fuera generalizada no permitiría decisiones excepcionales ni tampoco decisiones que contraríen precedentes que se consideren «activistas» y eso es algo que una Corte restringida ocasionalmente debe de hacer, en conclusión, no se puede relacionar la auto-restricción con la timidez, de la misma forma como no se puede relacionar el activismo con la audacia[199].

Es por ello que el autocontrol judicial puede provenir de diferentes causas además de la personalidad de los juzgadores; puede ser producto de la sobrecarga del sistema judicial, o por temor a represalias por los poderes políticos como respuesta a un hiperactivismo judicial, o bien una consecuencia de la teoría de la separación de poderes[200].

En todo caso consideramos que desde el punto de vista personal del juzgador influye más la reflexión racional, la preparación jurídica y la integridad ética que formen parte de su personalidad, por ello son de gran importancia los requisitos legales para acceder a las grandes magistraturas judiciales y los procedimientos de selección de las mismas.

B) Actitud hacia los precedentes

No obstante que ya se comentó este punto al tratar el activismo judicial, consideramos oportuno abundar un poco más ahora desde la óptica de la

198. *Cfr.*, *Ibídem*, p. 17.

199. *Cfr.*, *Ibídem*, pp. 18-19.

200. *Cfr.*, *Ibídem*, p. 19.

auto-restricción, y en este sentido Posner nos dice que hay jueces liberales y conservadores (que el argumento equipara a jueces autorestringidos). Los primeros tienden a interpretar expansivamente los poderes judiciales al servicio de la agenda política liberal, los segundos a evitar la innovación judicial. Por lo tanto, un buen juez liberal da poco peso a los precedentes que no son liberales, pero el buen juez conservador da mucho peso a todos los precedentes, tanto liberales como conservadores[201].

Es aquí donde creemos que debemos abordar si efectivamente la auto-restricción se equipara a posiciones conservadoras y si por otra parte el activismo se identifica con posiciones más progresistas, tal y como lo hace Posner, es por ello que traemos a colación lo que indica Young[202] al respecto cuando se pregunta ¿Qué es ser conservador? Pues tal y como expresa cuando se refiere a la Corte Rehnquist, se puede ser activista y conservador, pues dado el ejemplo, el activismo judicial puede ser consistente con principios conservadores, por ello nos propone una tipología del pensamiento conservador partiendo de la diferencia propuesta por Samuel Huntington entre conservadurismo «situacional» e «ideológico», el primero se da respecto al apego a instituciones existentes, sin analizar la moralidad de las mismas, mientras que el ideológico está basado en una particular forma de ver el bienestar de la sociedad[203], en este sentido nos dice:

> «Conservative as a situational ideology is primarily about resistance to change. (...) This sort of conservatism is most commonly associated with the British politician and political philosopher, Edmund Burke. I have argued elsewhere[204] that Burke´s conservatism centers around the following critical elements:
>
> a distrust of human reason and a consequent rejection of abstract political theory;
>
> a preference for tradition and prescriptive wisdom passed down from prior generations and revealed in the structure of existing institutions;
>
> a characterization of the political community as based on organic social contract that confers on individual not only rights but also duties to the community;
>
> an acknowledgment of the possibility and even necessity of evolutionary change in institutions over time, based on the incrementalist model of the common law, and
>
> a belief in a "natural aristocracy"—that is, a system of mixed government that guarantees a role for elite decisionmakers characterized by education, good character, and institutional independence»[205].

201. *Ibídem*, pp. 19-20.

202. YOUNG, Ernest A., *op. cit.*, p. 1181.

203. *Ibídem*, pp. 1182-1183.

204. Se refiere a su trabajo titulado Rediscovering Conservatism: Burkean Political Theory and Constitutional Interpretation.

205. YOUNG, Ernest A., *op. cit.*, pp. 1183-1184.

Nos parece que la caracterización precedente se corresponde en buena medida a una posición interpretativa originalista, aunque también es claro que los posicionamientos 3, 4 y 5 son propios del sistema político inglés.

Ahora bien, según Young no hay que confundir este tipo de conservadurismo con una simple posición reaccionaria, pues la oposición de los conservadores al cambio es independiente a la dirección del mismo. De aquí se destaca una importante distinción entre conservador y reaccionario. El reaccionario está a favor del cambio, siempre y cuando sean en la dirección de los acuerdos institucionales que se hayan realizado en el pasado[206].

Respecto al conservadurismo ideológico si bien el autor precisa que es aquél que se identifica con un posicionamiento respecto a lo que se puede considerar el *bienestar social*, al mismo tiempo nos propone una diferenciación entre el «político» y el «institucional», respecto al primero considera que es aquél que tiene un trasfondo ideológico y se identifica con diversos principios como por ejemplo «el mercado libre» y los valores familiares, etc., es por ello que hace una subdivisión acerca de posturas conservadoras en el sentido político, mismas que refiere de la siguiente manera:

- **Conservadurismo económico.** En este rubro se pretende incluir toda política de libre mercado e individualismo, basado sobre todo en los derechos de propiedad, este es el tipo de conservadurismo estadounidense, que el autor identifica con aquél que a menudo se equipara con las preferencias supuestamente antiregulatorias de las grandes empresas; además de tender a enfatizar el individualismo y la centralidad los derechos en materia económica como la santidad de la propiedad privada[207].
- **Liberalismo.** Es la versión ampliada del anterior, donde la libertad económica se expande a las demás áreas de la vida social, aquí los liberales toman la aversión de los conservadores a la intervención económica del gobierno y la universalizan, postulando la «máxima reducción de la acción social y gubernamental», de forma tal que se deja el máximo espacio de libertad a cada individuo[208].
- **Tradicionalistas.** Para el autor estos van más allá que los propios liberales, pues mientras los conservadores y liberales pueden describirse como herederos intelectuales de John Locke, los conservadores tradicionalistas van más allá, hasta los preliberales idealistas de la comunidad y las virtudes[209].

206. *Ídem.*

207. *Cfr.*, *Ibídem*, p. 1192.

208. *Cfr.*, *Ídem*.

209. *Cfr.*, *Ibídem*, p. 1193.

- **Conservadores sociales/religiosos.** Parten de la idea de un orden moral de la sociedad, ya desde la década de 1980 componen la nueva derecha estadounidense y aunque comparten la preocupación de los tradicionalistas por un orden moral religioso, no les interesan las tradiciones intelectuales particulares defendidas por los tradicionalistas[210].
- **Neo-conservadores.** Como su nombre lo indica, se refiere a una nueva ola de intelectuales que se identifican a su vez, con los grupos conservadores y que surgió alrededor de los años 60´s, no obstante el autor se limita a enunciarlos sin concretizar al respecto, sin embargo, se puede colegir que son un grupo de conservadores «moderados» ya que algunas notas distintivas importantes son su aceptación al postulado del Estado de Bienestar moderno, (con algunas críticas de políticas liberales particulares) así como su oposición al conservadurismo aislacionista en materia de política exterior[211].
- **Anti-comunistas.** Una posición bien conocida que tuvo su mayor auge durante el periodo de la guerra fría, pues la hostilidad hacia el comunismo fue una crítica que unificaba diversas corrientes conservadoras y para muchos conservadores se constituyó en la esencia de su ideología[212].

Como es fácil apreciar, el hilo conductor de todas estas subespecies de conservadurismo político, lo constituye un fuerte apego a la ideología de los derechos individuales, en especial, el derecho de propiedad y la libertad económica, y en un segundo plano, una concepción moral de la sociedad.

Una vez revisado en forma sumaria estas categorías, corresponde comentar lo que el autor identifica como conservadurismo institucional que es aquél que tiene sus bases en una determinada visión sobre la forma de organización que debe tener una sociedad ideal, es por ello que se identifica más con posiciones relativas a decisiones de gobierno con carácter mayoritario, auto-restricción judicial, interpretación originalista, etc[213]. Como Young señala:

> «In many areas, the distinction between institutional and political conservatism will be meaningful and useful. Oppositions to abortion because it is morally wrong, for example, is quite different from opposition to Roe v. Wade on the ground that decisions about should be made by the majoritarian political process in individual states»[214].

Lo anterior nos lleva al análisis más interesante que hace el autor respecto a este tema, y es: el conservadurismo y el papel de la judicatura.

---

210. *Cfr.*, *Ídem*.

211. *Cfr.*, *Ibídem*, p. 1194.

212. *Cfr.*, *Ídem*.

213. *Ibídem*, p. 1197.

214. *Ibídem*, p. 1198.

En este sentido comenta (consideramos que con atingencia) que al conservadurismo político el debate sobre el activismo judicial le es irrelevante pues sus intereses se presentan más en los resultados, por decir un ejemplo, en materia de aborto los grupos pro-vida pueden aceptar un activismo judicial siempre y cuando la Suprema Corte reconozca y proteja el derecho del no nacido a la vida[215].

Por otro lado este conservadurismo puede estar a favor de la interpretación «originalista» de la Constitución y la fidelidad al precedente solo sí estos dan resultados conservadores en los casos planteados[216].

De lo anterior resulta claro que no obstante que en principio las posiciones de auto-restricción judicial se relacionan con posiciones políticas conservadoras, estas últimas pueden en ciertos casos particulares exigir un activismo por parte de los tribunales, por lo que se concluye que no existe nexo necesario entre auto-restricción y conservadurismo judicial así como entre activismo y posiciones progresistas desde un punto de vista meramente político.

Regresando a las características propuestas por Posner:

C) Formalismo y Realismo

En este punto el autor considera que existe una creencia errónea que vincula a la auto-restricción con el formalismo jurídico lo cual niega por considerar que el formalismo no se aplica a la auto-restricción ya que aquél, lo único que busca es tratar de ocultar el ejercicio del poder en la actividad judicial, por lo que comenta:

> «There is a sense in which formalism is a timid (when is not merely a hypocritical) judicial philosophy because is denies the creative element in judging. But judicial self-restraint is not a correlate of timidity, and formalism is actually alien to its exercise. Formalism is not a usable method of deciding difficult cases in today´s legal culture but a way of describing the judicial process falsely. The purpose of the false description is to conceal the exercise of power»[217].

Por lo anterior concluye con razón, que es de mayor interés de los jueces activistas ocultar en el formalismo su verdadero ejercicio de poder.

Sobre este tema creemos importante mencionar la contribución que hace Tamanaha, en su interesante estudio sobre la división entre formalismo-realismo, pues explica como desde 1900 surge en Estados Unidos la escuela del «realismo legal» como una reacción ante el modelo formalista de «jurisprudencia mecánica» (entendida como la actividad del juez que se asemeja a la boca que pronuncia las palabras de la ley), argumentando que las decisio-

---

215. *Ibídem*, pp. 1204-1205.

216. *Ibídem* 1205.

217. POSNER, Richard, *op. cit.*, p. 20.

nes judiciales son una mezcla de derecho, política, prejuicios, personalidad e ideología de los jueces[218].

No obstante lo anterior, comenta que en las décadas de 1950 y principios de los 60´s surgen dentro de la ciencia política estudios cuantitativos sobre la actividad judicial, con lo cual nace la denominada «Jurisprudencia política» como nuevo campo de estudio jurídico[219].

A partir de estos nuevos estudios se han hecho diversas divisiones en cuanto a modelos de enjuiciamiento, de los cuales el autor destaca los siguientes:

a) El formalista, del que menciona que por ser tratado como mecánico-legalista es el que ha sufrido más críticas, ya que se identifica con el modelo legal, que es denigrado por el foro[220].

b) El actitudinal que, centrado precisamente en la actitud que asumen los juzgadores, se identifica con el realismo jurídico, pues para el autor, esta posición deriva en ciencia política del realismo jurídico, y considera que los jueces deciden las disputas a la luz de los hechos del caso, *vis-a-vis* sus actitudes y valores ideológicos[221].

c) El estratégico, mismo que propone una actuación de los jueces basada en la proyección de las consecuencias y reacciones que puedan provocar sus resoluciones, tanto de tipo político, social, académico, etc., de acuerdo a este modelo los jueces deben tener una agenda política en la cual basar su actuación, en palabras del autor:

> «The strategic model supposes that judges routinely calculate what course of action would best advance their policy goals. In some cases this might mean rendering a decision that stops short of their true ideological preference if, for example, going too far risks destroying their credibility or inciting a backlash that would retard their objectives even further»[222].

Sobre este modelo, Tamanaha comenta que el modelo estratégico a menudo pinta una imagen inverosímil de los jueces como magníficas calculadoras maquiavélicas que persiguen agendas políticas sin apenas integridad legal y una capacidad extraordinaria, facilitada por mucho tiempo e información, para visualizar las probables consecuencias de sus decisiones entre varias audiencias posibles[223].

---

218. TAMANAHA, Brian Z., *Beyond the Formalist-Realist Divide, The role of politics in judging,* Princeton University Press, USA, 2010, p. 111.

219. *Ídem.*

220. *Cfr.*, *Ibídem*, p. 116.

221. *Cfr.*, *Idem.*

222. *Ibídem*, p. 118.

223. *Cfr.*, *Ibídem*, p. 119.

En virtud de los vaivenes entre estos diversos modelos, el autor hace una análisis de lo que denomina «décadas de realismo equilibrado sobre los juicios de los jueces», donde en resumen consideramos importante una cita que hace sobre Cardozo, cuando éste último explica que «generalmente la ley es clara en consecuencia, el juez debe fallar conforme a la misma o en su caso apegarse al precedente, sin embargo, existen lagunas en la ley, incertidumbre en la interpretación, en cuyo caso lo jueces deben anticipar situaciones de hecho que pueden causar serias injusticias o daños al interés social»[224].

Es por eso que Cardozo propone que el juzgador debe ceñirse a ciertos estándares morales de la comunidad, así como una argumentación jurídica adecuada conforme a los principios imperantes en el momento de fallar, tal vez por eso es categórico cuando dice:

> «Yo creo que la dificultad se origina cuando no se sabe distinguir entre poder y Derecho, entre la orden encarnada en una sentencia y el principio judicial a que el juez debe obediencia. Los jueces tienen, por supuesto, el poder, que no el Derecho, de ignorar el mandato de una ley y de dictar sentencia a despecha de ella. Ellos tienen el poder, que no el Derecho, de ir más allá de las paredes que rodean los intersticios, estando los límites de la innovación judicial impuestos por el precedente y la costumbre. (...)
>
> En resumen, hay principios judiciales que limitan la libertad del juez, y por cierto—en la opinión de algunos autores que no necesitamos defender—la libertad del Estado mismo»[225].

Coincidimos ampliamente con la apreciación del célebre juez, pues somos de la idea que, independientemente de si se considera que la posición de los jueces es formalista o realista, no se puede dejar de lado la naturaleza de su función, misma que se desprende del mismo proceso judicial, el cuál a diferencia del proceso legislativo, que exige a sus actores una justificación política de sus actos, a los jueces, siempre, independientemente del impacto político de sus resoluciones, y de los valores, prejuicios e ideales de los mismos, se les debe exigir una motivación en términos de argumentación jurídica, pues como bien indica Gerardo Dehesa el reconocimiento y confianza hacia el Poder Judicial de cualquier Estado de Derecho, sólo se obtiene por el convencimiento y fuerza de sus resoluciones, éstos son los elementos que lo legitiman[226].

Ahora bien, no obstante lo visto hasta aquí, consideramos importante traer a colación lo que el juez Posner en un estudio diverso denomina el «pragmatismo legal» pues de manera bastante atingente plantea una posición realista de la función judicial, a nuestro ver más allá de la división entre formalismo y

224. *Ibídem*, p. 125.

225. CARDOZO, Benjamin N., *La Naturaleza de la Función Judicial,* Tr. Eduardo Ponssa, Ediciones ARAYÚ, Buenos Aires, 1955, pp. 103-104.

226. DEHESA DAVILA, Gerardo, *Introducción a la Retórica y la Argumentación,* Suprema Corte de Justicia de la Nación, México, 2004, p. 6.

realismo, no obstante las coincidencias con este último, pues en principio se pregunta: ¿Pueden los jueces decidir un caso sin una teoría de como decidir correctamente?[227]

A lo que responde en sentido de que ellos pueden, de hecho deben, porque cuando se enfrenta un caso que está indeterminado por el razonamiento jurídico convencional, no pueden rehusarse a resolver y tienen que decidir haciendo uso de las herramientas con las que cuenten. A estos jueces que no insisten en que un algoritmo legal va a decidir cada caso, es a lo que el autor llama pragmáticos, no en un sentido filosófico, sino en un sentido enfatizado a la toma de decisiones[228].

Es por eso que Posner propone ocho interesantes principios de pragmatismo legal a saber:

1) El deber de decidir es el primer deber de un Juez.

   Esto se corresponde al principio de inexcusabilidad judicial que según el artículo 18 del Código Civil Federal reza: "El silencio, obscuridad o insuficiencia de la ley, no autorizan a los jueces o tribunales para dejar de resolver una controversia.

2) El derecho no se limita a un cuerpo ortodoxo de materiales legales, en consecuencia, la función judicial no puede ser limitada a decidir casos en concordancia con esos materiales.

   Las fuentes del Derecho son amplias y no se limitan a los textos legales.

3) En los casos en que los materiales ortodoxos no contengan la respuesta a la cuestión legal que se plantea, o bien la respuesta que dan no satisface, el papel del juez es legislativo: para crear nuevo derecho que resuelva el caso y sirva para futuros casos.

   Aquí viene a colación lo que ya hemos discutido *supra* respecto a la diversidad de sentencias que los altos Tribunales pueden emitir atendiendo a la técnica constitucional, en especial las sentencias aditivas y manipulativas.

4) No hay teorías maestras que puedan guiar a los jueces en ejecutar el papel de legislador en un caso constitucional, porque no existen métodos lógicos o empíricos para escoger una teoría constitucional sobre otra. A falta de una teoría convincente, los jueces que desempeñan una función legislativa deben guiarse principalmente por la predicción de las consecuencias de decidir el caso particular en un sentido y otro: consecuencias para las partes, para personas en situaciones similares y para el sistema como un todo.

---

227. POSNER, A. Richard, «The Rise and Fall of Judicial Self-Restraint», *California Law Review*, Vol. 100, June 2012, No. 3, p. 539.

228. *Ídem.*

En este caso, aparentemente apela más al sentido de responsabilidad del juez respecto a las consecuencias de sus resoluciones que a la hermenéutica constitucional.

5) El pragmático debe tener en cuenta no solo las consecuencias de una decisión para las partes, sino también sus efectos sobre valores sistémicos como la continuidad, previsibilidad, y la estabilidad de las reglas y decisiones legales.

   Según comprendemos, los jueces deben ser conscientes del impacto social y político de sus resoluciones, más allá del efecto inmediato entre las partes en litigio. Esto particularmente importante en tratándose de jueces constitucionales, ya que la materia de sus sentencias casi siempre involucra valores y principios fundamentales del Estado.

6) ¿Y si las consecuencias de decidir un caso de una manera y otra son incognoscibles, al menos por el método de litigación, como frecuentemente sucede? Las decisiones que han hecho el Derecho Americano lo que es —decisiones de interpretación de estatutos y constituciones, y decisiones que crean o modifican doctrinas del *common law*— fueron en su mayoría hechas en condiciones de radical incertidumbre; fueron puñaladas en la oscuridad. Los jueces necesitan reglas para lidiar con la incertidumbre (la carga de la prueba es un ejemplo de esas reglas).

7) El juez debe tratar a las partes en cada caso como partes representativas, es decir, debe ignorar su posición social relativa, sus méritos personales y su influencia política. Esta es la noción central del «estado de derecho», lo que Aristóteles llamó justicia correctiva.

8) Una opinión judicial debe establecer los verdaderos fundamentos de la decisión del juez. Este deber de franqueza es necesario para la crítica informada de los jueces[229].

D) Candor (Sinceridad o franqueza)

De acuerdo al diccionario de la Real Academia de la Lengua Española citado supra, el candor significa: sinceridad, sencillez, ingenuidad y pureza de ánimo, no obstante, conscientes de que el autor en estudio es angloparlante, para evitar confusiones terminológicas consultando el Webster´s Dictionary tenemos que el significado no dista mucho del castellano, pues indica que candor es: *straightforwardness; frankness of expression*[230]; es por ello que aplicando el concepto al tema que nos ocupa, Posner dice al respecto que:

> «Candor requires admitting that the judge´s personal policy preferences or values play a role in the judicial process. This admission promotes judicial self-restraint in its

229. *Cfr.*, *Ibídem*, pp. 540- 542.

230. Websters´S Dicctionary, Landoll´s, USA, 1997.

separation of powers sense by exposing judges as people exercising political power rather than passively recording and transmitting (and maybe amplifying just a bit) decisions made elsewhere in the government»[231].

Coincidimos plenamente con el autor en el sentido que, una postura franca y sincera de la función judicial en la actualidad no puede pretender esconder su dimensión política, por lo que un análisis serio de la misma debe situarla dentro del juego político, atendiendo a su razonabilidad democrática y no sólo con un sesgo jurídico, tendiente a ocultar muchas veces un verdadero decisionismo político en las supuestas formalidades del proceso judicial, o ejercicios de prestidigitación argumentativa, dónde el balance y la ponderación se realizan sobre una decisión previamente seleccionada.

E) Interpretación estricta

Aquí el autor sin caer propiamente en una postura originalista, plantea los riesgos de que los jueces realicen una interpretación muy flexible de la Constitución, pues expresa que puede parecer intuitivo que cuanto más libremente se interprete la Constitución, más activistas deben ser los tribunales. Pero parece ser así solo por la tendencia a equiparar la construcción «relajada» con la «amplia», y solo hay una relación empírica, no lógica, entre los dos términos[232].

4.3. Técnicas de la auto-restricción

Como se puede suponer, si en verdad existe una auto-restricción judicial basada en algún sustento teórico, la actividad procesal inherente a la función judicial hace imprescindible que existan instrumentos o técnicas mediante los cuales los juzgadores puedan operar una posición autorrestrictiva, independientemente de las razones sustanciales que tengan para ello, es por esto, que en las siguientes líneas analizaremos de que técnicas se valen los jueces para ello.

En este sentido Roche sugiere que la mayoría de las técnicas de auto-restricción caen dentro de dos tipos a saber: procedimentales y sustantivos[233].

4.3.1. Técnicas procedimentales

El autor citado nos da dos ejemplos de este tipo de mecanismos de auto-restricción a saber:

1) La limitación del recurso de *«cerciorati»* sólo para ciertos casos. Tal y como indica el autor: La regla 38 de la Suprema Corte de Estados

231. POSNER, Richard, *The Meaning of judicial Self-Restraint*, pp. 20-21.

232. *Cfr.*, *Ídem.*

233. ROCHE, John P., *op. cit.*, p. 765.

Unidos, que rige la política del *cerciorati,* establece que la revisión discrecional se otorgará «solo cuando existan razones especiales e importante para ello»[234].

Como se puede advertir con facilidad, esta técnica también es utilizada por la Suprema Corte de la Nación en México, respecto a diversos juicios de amparo o recursos dentro de los mismos, tal y como lo establece el artículo 107 de la Constitución en sus fracciones V y VIII a saber:

- **Fracción V, inciso d) párrafo segundo:**

> «La Suprema Corte de Justicia, de oficio o a petición fundada del correspondiente Tribunal Colegiado de Circuito, del Fiscal General de la República, en los asuntos en que el Ministerio Público de la Federación sea parte, o del Ejecutivo Federal, por conducto del Consejero Jurídico del Gobierno, podrá conocer de los amparos directos que por su interés y trascendencia así lo ameriten».

- **Fracción VIII:**

> «Contra las sentencias que pronuncien en amparo los Jueces de Distrito o los Tribunales Unitarios de Circuito procede revisión. De ella conocerá la Suprema Corte de Justicia:
>
> a)...
>
> b)...
>
> La Suprema Corte de Justicia, de oficio o a petición fundada del correspondiente Tribunal Colegiado de Circuito, del Fiscal General de la República, en los asuntos en que el Ministerio Público de la Federación sea parte, o del Ejecutivo Federal, por conducto del Consejero Jurídico del Gobierno, podrá conocer de los amparos en revisión, que por su interés y trascendencia así lo ameriten».

2) Otra técnica procedimental referida por Roche es la que pudiéramos denominar de la «dilación» judicial, y según el autor fue utilizada por la Corte Norteamericana a finales de la Segunda Guerra Mundial, cuando hubo un oleada de recursos de habeas corpus interpuestos por ciudadanos Américo-Japoneses, que habían sido privados de su libertad y recluidos en centros de evacuación, pues el Tribunal Supremo «dilató» la resolución de un recurso de *cerciorati* en el caso *Duncan v. Kahanamoku,* hasta el final de la guerra, resultando fundado el habeas corpus y con ello el precedente de la detención ilegal de estos ciudadanos durante la guerra[235].

234. *Cfr.*, *Ibídem*, p. 766.

235. ROCHE, John P., *op. cit.*, p. 767.

4.3.2. Técnicas sustantivas

1) La teoría de las *cuestiones políticas.* Como es bien sabido, esta es una de las primeras técnicas utilizadas por la Corte Suprema Norteamericana para desestimar acciones presentadas ante la misma.

Como indica el autor que se sigue, esta técnica termina siendo un instrumento al servicio de lo que la Corte en su momento considera inoportuno conocer y por ello de manera unilateral se termina como *cuestión política* para efectos de no resolver.

En efecto, si la Corte considera que una cuestión que tiene ante sí, no es susceptible de arreglo judicial, remitirá al demandante a los órganos políticos de gobierno para una posible reparación. La medida en que se aplica esta doctrina parece un coeficiente directo del egoísmo judicial, ya que la definición de cuestión política puede ampliarse o contraerse de manera discrecional para satisfacer las exigencias del momento[236].

Como se ha dicho con anterioridad, en México también desde muy temprana época se siguió esta tendencia en relación con el juicio de Amparo pues se ha venido estableciendo el criterio de su improcedencia sobre todo respecto a violaciones de derechos políticos, tal y como se pude apreciar de las siguientes tesis aisladas y de jurisprudencia:

> «DERECHOS POLÍTICOS, IMPROCEDENCIA DEL AMPARO CONTRA LOS, AUNQUE SE PRIVE DE EMOLUMENTOS AL QUEJOSO
>
> La jurisprudencia sostenida por esta Suprema Corte, se ha orientado en el sentido de que la violación de derechos políticos, no da lugar al juicio de amparo, porque no se trata de garantías individuales; y no es posible confundir éstas, con los citados derechos, porque aquéllas están consignadas en los primeros 29 artículos de la Constitución Federal de la República y en ninguno de ellos se garantiza el derecho a desempeñar cargos públicos de elección popular. Además, dichas garantías individuales, son las taxativas impuestas al poder público, en relación con todos los habitantes de la República, abstracción hecha de su nacionalidad, sexo, capacidad jurídica, etcétera; y en cambio, los derechos políticos los concedió el constituyente, exclusivamente a los ciudadanos mexicanos. Por tanto, la afectación de estos últimos, consistentes en el desempeño del cargo de munícipes, no puede ser materia del juicio constitucional, ya que como se dijo, éste se instituyó para garantizar el respeto de aquellas garantías, sin que sea obstáculo para sostener este criterio, la pérdida de los emolumentos por la parte de aquel a quien se priva del ejercicio de un derecho político, pues siendo esos emolumentos consecuencia legítima

236. *Cfr., Ibídem,* pp. 767-768.

de la función pública, y no procediendo el amparo en cuanto al derecho de que emanan, lógica y jurídicamente, tampoco puede proceder en cuanto a sus efectos»[237].

«DERECHOS POLÍTICOS, IMPROCEDENCIA DEL AMPARO

El derecho a desempeñar un empleo público, como lo son los cargos concejiles y de elección popular, es una función inherente a la ciudadanía, atento a lo dispuesto por los artículos 35, fracción II y 36, fracción V, de la Constitución General de la República, y por estos derechos jurídicamente debe entenderse toda acción que se encamine a la organización de los poderes públicos, a la conservación de los mismos, o a la de su funcionamiento, así, todo acto que tienda a establecer esos poderes, impedir su funcionamiento, o destruir su existencia, o funcionamiento, son actos que importan derechos políticos, respecto de los que es improcedente el juicio de garantías, de conformidad con lo dispuesto por la fracción XVIII del artículo 73 de la Ley de Amparo en relación con el diverso 1.° de la misma ley, interpretando este último precepto a contrario sentido, y con los citados artículos 35, fracción II y 36, fracción V constitucionales»[238].

Como puede apreciarse, es ya larga la tradición de improcedencia del juicio de amparo por violación de derechos políticos, sin embargo, desde el año de 1996 se creó un sistema de medios de mpugnación especializados en materia electoral, con lo que se cubrió el vacío de protección constitucional que se venía presentando.

2) La *Parsimonia Judicial.* En español se entiende por parsimonia: «Lentitud y sosiego en el modo de hablar o de obrar flema, frialdad de ánimo»[239].

En consecuencia, la parsimonia de los jueces consiste en la lentitud o dilación, más o menos consciente y voluntaria, para resolver determinados asuntos que les son planteados y que revisten de importancia y trascendencia en el un determinado momento o circunstancias.

Un ejemplo lo constituye también el caso de los centros especiales de evacuación para ciudadanos américo-japoneses durante la Segunda Guerra Mundial, comentado *supra.*

3) La *Inexperiencia Judicial.* Así denominada por Roche, señala que se basa en la falta de voluntad de la Corte para revisar las conclusiones de los expertos. Las características de esta forma de restricción son una gran deferencia a las participaciones de las agencias de expertos, por lo general junto con alguna declaración como: «No es para que

237. Tesis Aislada, Segunda Sala, Semanario Judicial de la Federación. Tomo LXIX, Página 4731.

238. Tesis Aislada, Tribunales Colegiados de Circuito. Semanario Judicial de la Federación. Tomo XIV. Julio de 1994, Página 546.

239. Diccionario de la Real Academia de la Lengua Española, consultable en (www.dle.rae.es)

los tribunales federales suplanten el juicio de la Comisión» incluso frente a la prueba convincente de que un resultado diferente hubiera sido mejor[240].

No obstante que en la actualidad es una práctica reiterada por los Tribunales el resolver cuestiones altamente técnicas auxiliados por el desahogo de múltiples periciales, consideramos importante tener en cuenta esta técnica de auto-restricción, toda vez que, la línea divisoria entre la resolución atendiendo los criterios periciales y la usurpación de órganos técnicos es muy delgada.

Ahora bien, siguiendo a Ferejohn y Kramer, son varias las técnicas de las que los aparatos judiciales se pueden valer para ejercer auto-restricción de sus miembros, y de acuerdo a los autores citados podemos dividirlas en dos grupos: A) Técnicas de disciplina interna y B) Principios de Jurisdicción o justiciabilidad de casos[241].

A) Disciplina interna.

En este sentido y según los autores descritos, son dos las instituciones al servicio de la auto-restricción; por un lado encontramos los procesos de «apelación», es decir la posibilidad de revisión de las resoluciones jurisdiccionales por órganos de mayor jerarquía dentro del propio aparato judicial, y por el otro lado se encuentran los procesos disciplinarios hacia el interior del propio poder judicial.

En principio podemos decir, que el procedimiento de apelación o revisión judicial, entre otras cosas, es un instrumento útil para que las definiciones judiciales se presenten de manera prudente, pues en principio ayuda a homologar los diversos criterios que generalmente nacen de la interpretación hecha por los múltiples jueces menores, por otro, se presta para que la resolución final de los órganos superiores de justicia, sea una decisión debidamente razonada, de manera sintética, una vez tomadas en cuenta las diversas posturas presentadas por jueces de menor jerarquía a la luz de los argumentos de las partes.

Es por esto que coincidimos con los autores cuando mencionan que las apelaciones reducen el riesgo que plantean los jueces «descarriados» al garantizar que las múltiples voces judiciales sean firmes antes de que cualquier sentencia particular sea definitiva[242].

Respecto a los recursos de disciplina interna, es importante resaltar que según los autores fue a partir de 1980 con la expedición de la *«Judicial Councils Reform and Judicial Conduct and Disability Act»*, que se ampliaron los

240. *Cfr.*, ROCHE, John, *op. cit.*, p.769.

241. FEREJOHN, John A., KRAMER, Larry D., *Independent judges, dependent judiciary: institutionalizing judicial restraint,* NYUL, Rev, 2002, vol. 77, p. 997.

242. *Cfr.*, *Ídem.*

medios de control disciplinario hacia el interior del poder judicial en los Estados Unidos, pues indican que:

> «The Act expands and formalizes the judiciary´s disciplinary process. It authorizes anyone who believes that any federal judge "has engaged in conduct prejudicial to the effective and expeditious administration of the business of the courts" or "is unable to discharge all the duties of offices by reason of mental or physical disability" to complain in writing through the clerk of the court of appeals for the circuit in which that judge sits. The Act specifies how the chief judge and circuit judicial council should respond to complaints, and it empowers the council to impose remedies. These include certifying the judge as disabled, formally requesting his or her retirement, imposing a freeze on the assignment of new cases, and delivering a private or public reprimand; the council may not order the removal of sitting district or circuit judge»[243].

B) Jurisdicción o justiciabilidad de casos

Según los autores que se han venido siguiendo la exposición de este tema al menos en el derecho norteamericano se puede llevar acabo en atención a diversos rubros a saber entre los que destacamos: 1) Los principios de justiciabilidad, y 2) principios de federalismo.

a) Principios de justiciabilidad.

Según estos autores, el aparato de justicia federal en Norteamérica ha construido una serie de restricciones doctrinales que limitan su competencia para conocer ciertos casos[244].

En sus palabras:

> «Certain aspects of the case or controversy requirement are quite old and also quite explicit in steering the bench away from political controversy. Take de prohibition on advisory opinions, which one leading commnetator calls "the oldest and most consistent thread in the federal law of justiciability"»[245].

Un ejemplo claro de este tipo de limitantes lo constituy.en en Norteamérica las doctrinas del *standing* y *ripeness,* que se pueden entender de la siguiente forma:

Standing. Para que un asunto sea justiciable requiere cumplir tres elementos de «procedencia»:

- La parte reclamante debe haber sufrido un daño cierto *«injury in* fact»;
- El daño debe ser manifiesto y no sólo hipotético o probable «fairly traceable»;

243. *Ibídem*, p. 999

244. *Ibídem, p. 1004*

245. *Ídem*.

El daño debe ser reparable dentro de lo posible mediante la sentencia *«likely to be redressed»*[246].

En nuestro derecho de amparo, la doctrina del standing se expresa en sentido contrario mediante las causales de improcedencia contempladas en el artículo 61 de la Ley de Amparo, al menos en las fracciones XII y XVI, que establecen los siguiente:

> «**Artículo 61.** El juicio de amparo es improcedente:
> I...
> XII. Contra actos que no afecten los intereses jurídicos o legítimos del quejoso,...
> XIII...
> XVI. Contra actos consumados de modo irreparable;...»

Ripeness. Esta doctrina a diferencia del standing, no se centra el aspecto subjetivo del litigio sino en el objeto materia del mismo, constituye una limitante un poco más difusa que la primera, pues busca separar causas que a juicio de la judicatura no están «listas» para ser resueltas en juicio. El ejemplo más común es la improcedencia derivada de las *«political questions»*. También se aplica a cuestiones en las que no está claro que exista todavía una verdadera afectación al litigante, sino tal vez sólo una probabilidad.

Según los autores La Corte usa el *ripeness* para evitar resolver sobre una supuesta lesión especulativa o que puede nunca ocurrir, evitando así la participación judicial innecesaria[247].

b) Principios del Federalismo

En Estados Unidos de Norteamérica, esta restricción es resultado de una larga historia de lucha entre los poderes federales y los estatales, que ha contribuido al establecimiento de varias doctrinas tendientes a limitar la jurisdicción federal frente a competencias que se entienden reservadas a las Cortes estatales.

En palabras de los autores:

> «One unsurprinsing consequence of these historic struggles has been to make federal judges particularly sensitive when it comes to their relationship with their state counterparts. Becasuse this relationship has so often been a source of controversy, federal judges are acutely attentive to state interests. This is reflected in an impressive body of judicially created doctrines that limit or renounce federal jurisdiction in favor of state courts»[248].

En México en principio podemos decir que ha sucedido lo contrario pues desde inicios del siglo XX, los tribunales federales iniciaron una tendencia

246. *Ibídem, p.* 1010

247. *Ibídem,* p. 1011

248. *Ibídem,* p. 1015

centralizadora (o federalizadora) de la competencia jurisdiccional sobre todo para conocer de casos en materia constitucional. Esta situación se vio confirmada en tesis aisladas y de jurisprudencia como la que a continuación se muestra:

> «CONTROL DIFUSO DE LA CONSTITUCIONALIDAD DE NORMAS GENERALES. NO LO AUTORIZA EL ARTÍCULO 133 DE LA CONSTITUCIÓN.
>
> El texto expreso del artículo 133 de la Constitución Federal previene que "Los Jueces de cada Estado se arreglarán a dicha Constitución, leyes y tratados a pesar de las disposiciones en contrario que pueda haber en las Constituciones o leyes de los Estados». En dicho sentido literal llegó a pronunciarse la Suprema Corte de Justicia; sin embargo, la postura sustentada con posterioridad por este Alto Tribunal, de manera predominante, ha sido en otro sentido, tomando en cuenta una interpretación sistemática del precepto y los principios que conforman nuestra Constitución. En efecto, esta Suprema Corte de Justicia de la Nación considera que el artículo 133 constitucional, no es fuente de facultades de control constitucional para las autoridades que ejercen funciones materialmente jurisdiccionales, respecto de actos ajenos, como son las leyes emanadas del propio Congreso, ni de sus propias actuaciones, que les permitan desconocer unos y otros, pues dicho precepto debe ser interpretado a la luz del régimen previsto por la propia Carta Magna para ese efecto"».

Lo cierto es que como más adelante se aborda, este criterio ha cambiado sobre todo a raíz de la reforma constitucional en materia de derechos humanos y amparo del año 2011.

4.4. Conclusiones del capítulo

PRIMERA. No obstante que, la auto-restricción judicial no tienen una definición clara en la teoría jurídica, si cuenta al menos con un contexto jurídico, político y social, que nos remite a la necesidad de los juzgadores de resolver con la prudencia debida las cuestiones que se les plantean, o en su caso dilatar o evadir las mismas. Todo ello partiendo de la base de que los jueces deben ser conscientes al menos de tres aspectos importantes a saber: 1) El reconocimiento de que, como sujetos en sociedad, cuentan con parámetros propios de moralidad e ideología política que en la medida de lo posible deben evitar que estos influyan en el sentido de sus resoluciones, por el contrario, una actitud positiva implica la búsqueda de los parámetros generales de moralidad y legitimación política de la sociedad; 2) La pasividad necesaria para evitar la vulneración del diseño constitucional, sobre todo por lo que toca a la división de poderes y el sistema de pesos y contrapesos, pues los excesos en sus resoluciones pueden producir grandes peligros para el equilibrio político-constitucional e incluso para su propia independencia y legitimación como parte del propio sistema constitucional; 3) También deben ser conscientes de los efectos políticos y sociales de sus resoluciones, más allá del impacto inmediato entre las partes el litigio, lo que implica actuar con la prudencia debida sobre todo cuando se plantean «casos difíciles».

SEGUNDA. Para efectos de poner en práctica la auto-restricción judicial, se han venido instrumentando técnicas tanto sustantivas como procedimentales, las primeras implican criterios de autolimitación, sobre todo para conocer sobre diversas cuestiones, y las segundas restricción formales, ya sea en la ley o en criterios jurisprudenciales que impiden a las Cortes y Tribunales el conocimiento o resolución determinados asuntos, o implican la facultad de las mismas para hacer una selección de los casos que por sus trascendencia consideren importante conocer y en su caso, resolver.

TERCERA. No obstante lo anterior, todo juez debe tener presente que, si bien la auto-restricción puede ser una práctica sana en el contexto del equilibrio constitucional, cuando se encuentre frente a problemas relacionados con el reconocimiento y respeto de derecho fundamentales, o cuestiones que vulneren el principio de dignidad humana, se hace imperativo una acción decidida, y tal vez en parte activista, para la defensa de los mismos.

CAPÍTULO 5

LA REFORMA DEL AÑO 2011 Y EL CAMBIO DE PARADIGMA CONSTITUCIONAL EN MÉXICO

5.1. La Supremacía de los Derechos Humanos en la Constitución. (El papel de la Corte y tribunales mexicanos como guardianes de los derechos humanos reconocidos en sede internacional)

Como es bien sabido, en el mes de junio de 2011, la Constitución mexicana fue objeto de una serie de reformas en materia de derechos humanos y respecto al juicio de amparo, la institución procesal de control constitucional con más tradición en el país. Estas reformas, complementadas con nuevos criterios judiciales tanto de la Corte Interamericana de Derechos Humanos como de la Suprema Corte de Justicia de la Nación, vienen a introducir un cambio de paradigma en el sistema jurídico mexicano.

Efectivamente, somos de la idea que, desde la inclusión del juicio de amparo en el Acta Constitutiva y de Reformas de 1947, y la incorporación de los derechos sociales en el texto original de la Constitución de 1917, no se había presentado hasta 2011 una modificación que impactara tanto a favor de los derechos de los gobernados, pues con ellas se da supremacía a los derechos humanos dentro del sistema jurídico mexicano, independientemente de que se encuentren reconocidos en el texto constitucional o en algún tratado internacional celebrado por el Estado mexicano, además y como consecuencia de esa supremacía se establece por vez primera la posibilidad de que toda persona acuda de manera directa al juicio de amparo por violaciones a derechos humanos contemplados en tratados internacionales.

Por si este cambio se estima poco, tenemos que mediante resolución de la Suprema Corte de Justicia de la Nación, se reinterpretan los artículos 1 y 133 de la Constitución en atención a criterios de la Corte Interamericana de Derechos Humanos, donde se impone la facultad-obligación a todos los jueces del país de llevar a cabo un control difuso de constitucionalidad-convencionalidad, enfocado a hacer efectiva la prevalencia de los derechos humanos contemplados en la Constitución y en Tratados Internacionales firmados por México; con esto podemos decir con algunos autores que se da el paso del «Estado de Derecho» al «Estado de Derechos» como nuevo paradigma constitucional mexicano.

5.2. Conceptualización de Derechos Humanos y Garantías

Entre las citadas reformas destaca la de fecha 9 de junio de 2011, publicada en el periódico oficial de fecha 10 de junio del mismo año, la cual establece nuevos parámetros para la conceptualización, reconocimiento y respeto de los derechos humanos en el país, entre los cuales hay que destacar los siguientes:

En primer término, se introduce un cambio sustancial a la denominación del capítulo primero del título primero de la Constitución, que antes hablaba de «Las Garantías Individuales» y ahora se refiere a «Los Derechos Humanos y sus Garantías», esto desde luego plantea en sí ya algunas interrogantes que si bien ya habían sido tratadas aisladamente por la doctrina, ahora cobran relieve por la nueva redacción del texto constitucional, como por ejemplo ¿Es lo mismo hablar de derechos humanos y de garantías? ¿Si no es así, como aparentemente se desprende de la nueva denominación que se emplea, entonces, cuál es la diferencia entre unos y otros?

De entrada somos de la idea de que derechos humanos y garantías son conceptos diferentes, y que, en razón de la nueva redacción del texto constitucional se complementan, pues los derechos humanos tienen una connotación moral más que jurídica y se entienden como aquellos que gozan todas las personas por el sólo hecho de pertenecer al género humano, derivados ya de la dignidad humana, ya de la naturaleza misma del ser humano, pues como apunta Jack Donnelly, la fuente de los derechos humanos consiste en la naturaleza *moral* del hombre, la cual sólo guarda una débil vinculación con la «naturaleza humana» definida por las necesidades determinables científicamente. Los derechos son «necesarios» no para la vida, sino para la vida digna[249].

En efecto, coincidimos al menos en dos puntos: a) la naturaleza humana crea necesidades, y éstas a su vez crean derechos; y b) el reconocimiento y satisfacción de esos derechos es lo que hace que las personas gocen de una vida digna, esta dignidad se justifica a sí misma por la empatía que la razón

249. Donelly Jack, *Derechos Humanos Universales,* Gernika, Segunda edición, México, 1998, p. 35.

nos exige al interactuar con todos nuestros semejantes. La relación entre estos elementos se da de manera dialéctica puesto que, los derechos humanos configuran la sociedad política pues la «naturaleza humana» que subyace a estos derechos, combina elementos «naturales», sociales, históricos y morales[250], es decir, son un producto de la cultura, entendida ésta como el «conjunto de modos de vida y costumbres, conocimientos y grado de desarrollo artístico, científico, industrial, en una época, grupo social, etc»[251].

En consecuencia podemos decir que los derechos humanos son categorías antropocéntricas en un doble sentido, pues provienen de dos fuentes: las necesidades intrínsecas de los seres humanos, y el reconocimiento histórico de los mismos.

Ahora bien, el concepto de derechos humanos tiene su origen en el reconocimiento internacional que después de la Segunda Guerra Mundial se hizo en relación a estas necesidades, como imprescindibles para la paz mundial y la armonía de vida de todos los pueblos de la tierra[252].

En relación al concepto de garantías individuales, es bien sabido que el mismo surge con bastante anticipación al de derechos humanos, producto de la ideología individualista de los revolucionarios franceses de finales del siglo XVIII[253], y que ha sido utilizado por algunas de nuestras cartas constitucionales.

Para muchos autores hablar de derechos humanos y de garantías es sinónimo, así por ejemplo Margarita Herrera, partiendo de la división de derechos humanos «filosóficos» en derechos humanos internacionales que según la autora son todos aquellos que constan en instrumentos internacionales, y por otro lado derechos humanos nacionales, que vienen a constituir todos aquellos derechos esenciales del hombre reconocidos en ámbito interno de cada Estado, y en el caso de México hasta antes de la reforma de junio de 2011, eran las denominadas Garantías Individuales[254].

Para otros, la diferencia estriba en que los derechos humanos son el objeto de protección de las garantías, y éstas son el medio jurídico de protección de aquellos[255]. Esta última es la postura que hasta ahora, y dado la redacción actual del capítulo primero, título primero y del artículo 103 de la Constitu-

250. Donnelly, Jack, *op. cit.*, p. 38.

251. Diccionario de la Real Academia de la Lengua Española, Vigésimo Segunda Edición, versión electrónica: http://www.rae.es/rae.html

252. Preámbulo de la Declaración Universal de los Derechos Humanos de la ONU, de 1948.

253. Recuérdese el célebre artículo 16 de la Declaración Francesa de los Derechos del Hombre de 1789: «Toda sociedad en la cual la garantía de los derechos no está asegurada ni la separación de poderes establecida, no tiene Constitución».

254. Herrera Ortiz, Margarita, *Manual de Derechos Humanos,* México, Ed. Porrúa, Cuarta edición, 2003, pp. 5-7.

255. Del Castillo del Valle, Alberto, *Garantías del Goberando,* México, Ediciones jurídicas Alma S.A., 2003., p. 13.

ción, nos parece más acertada, sin embargo, tal y como refiere Fix Zamudio, no hay que confundir las Garantías Constitucionales, entendidas como medios procesales de protección de la Constitución, con las Garantías Individuales, que son medios jurídicos de protección de los derechos humanos[256].

Para mayor claridad del concepto, cabe citar la distinción hecha por Ferrajoli cuando dice:

> «Llamaré garantías primarias o sustanciales a las garantías consistentes en las obligaciones o prohibiciones que corresponden a los derechos subjetivos garantizados. Llamaré garantías secundarias o jurisdiccionales a las obligaciones, por parte de los órganos jurisdiccionales, de aplicar la sanción o declarar la nulidad cuando se constaten, en el primer caso, actos ilícitos y, en el segundo, actos no válidos que violen los derechos subjetivos y, con ellos, sus correspondientes garantías primarias»[257].

En atención a lo anterior, se puede decir a manera de ejemplo que el capítulo primero del título I de nuestra Constitución contiene un catálogo de garantías primarias, y el juicio de amparo es una garantía secundaria o jurisdiccional de las mismas.

En efecto si tomamos en cuenta que el artículo 1 de la Constitución en su párrafo primero modificado, expresa que:

> «**Artículo 1o.** En los Estados Unidos Mexicanos todas las personas gozarán de los derechos humanos reconocidos en esta Constitución y en los tratados internacionales de los que el Estado Mexicano sea parte, así como de las garantías para su protección, cuyo ejercicio no podrá restringirse ni suspenderse, salvo en los casos y bajo las condiciones que esta Constitución establece».

Debemos concluir que el órgano reformador de la Constitución hizo una diferenciación entre los derechos humanos que son reconocidos en la Constitución y en los Tratados Internacionales por una parte, y por la otra, las garantías establecidas para la protección de los mismos.

Esto no es novedoso en México, pues ya en textos constitucionales históricos se hacía esta diferenciación, por ejemplo el artículo 1 de la Constitución de 1857 disponía:

> «El pueblo mexicano reconoce, que los derechos del hombre son la base y el objeto de las instituciones sociales. En consecuencia, declara: que todas las leyes y todas las autoridades del país, deben respetar y sostener las garantías que otorga la presente Constitución»[258].

---

256. FIX ZAMUDIO, Héctor, *Estudio de la Defensa de la Constitución en el ordenamiento Mexicano*, México, Ed. Porrúa, Segunda Edición, 2011, p. 11.

257. FERRAJOLI, Luigi, «Garantías», en: *Jueces para la Democracia*, Año 2000, Número 38, p. 40.

258. TENA RAMÍREZ, Felipe, *Leyes Fundamentales de México 1808-1999*, p. 607

De igual forma, el texto anterior a la reforma de junio de 2011 hacía referencia a las «garantías que otorga esta Constitución», de donde se desprendía que la Constitución «otorgaba» las garantías más no los derechos, pues se entendía que éstos fueron reconocidos tácitamente por el constituyente mexicano.

Además de lo anterior, hay que tomar en cuenta que también mediante reforma de fecha 3 de junio de 2011, publicada en el Diario Oficial el día 4 del mismo mes y año, se modificaron diversos preceptos constitucionales dando nueva estructura al juicio de amparo, y uno de estos preceptos fue el artículo 103, para quedar de la siguiente manera:

> «**Artículo 103.** Los Tribunales de la Federación resolverán toda controversia que se suscite
>
> I. Por normas generales, actos u omisiones de la autoridad que violen los derechos humanos reconocidos y las garantías otorgadas para su protección por esta Constitución, así como por los tratados internacionales de los que el Estado Mexicano sea parte;
>
> II...
>
> III...»

Como puede observarse, la nueva redacción del artículo 103 confirma la teoría de la diferencia entre derechos humanos y garantías de los mismos, sin que pueda confundirse en este caso el término «garantías» con el de garantías constitucionales o jurisdiccionales, porque, al ser este precepto fundamento de procedencia del amparo, si se interpretara en la fracción I el término garantías como garantía procesal, tendríamos que concluir que el artículo es autorreferente, lo cual consideramos poco probable.

Al margen de lo anterior, y no obstante el avance que la reforma representa para el respeto y efectividad de los derechos humanos en el país, consideramos que la redacción no es la más afortunada, pues al seguir distinguiendo entre derechos humanos y sus garantías, según nuestro ver, da pie a que continúe la confusión terminológica, razón por la cual nos parece que el órgano reformador debió utilizar el término «derechos fundamentales» pues con él se expresa tanto el derecho en sentido *moral,* como su expresión en sentido jurídica, al presuponer la positivización de los derechos humanos (filosóficos), sobre todo en textos constitucionales,[259] y con ello no sería necesario hablar de «sus garantías»

En este sentido coincidimos con Carolina León que conceptualiza los derechos fundamentales como aquellos derechos humanos que se encuentran insertos dentro del ordenamiento jurídico, ya sea dentro de la Constitución Política del Estado, o bien a través de tratados internacionales sobre la materia. Por tanto gozan de una tutela reforzada y son obligatorios para todos los poderes que se integran ese ordenamiento[260].

---

259. PÉREZ LUÑO, Antonio Enrique, *Derechos Humanos, Estado de Derecho y Constitución*, p. 31

260. LEÓN BASTOS, Carolina, *La interpretación de los derechos fundamentales según los tratados internacionales sobre derechos humanos*, Editorial REUS, Madrid, 2010, p. 42

5.3. Interpretación de los Derechos Humanos

Respecto a la interpretación de los derechos humanos, es bien sabido que ésta en principio encuadra dentro de la hermenéutica constitucional, sin embargo los derechos fundamentales requieren una metodología especial, dado el alto grado axiológico que manejan, pues como menciona Pérez Luño, estos derechos representan una de las decisiones básicas del constituyente a través de la cual los principales valores éticos y políticos de una comunidad alcanzan expresión jurídica[261].

No obstante lo anterior, y la diversidad de principios interpretativos que la doctrina ha desarrollado en materia de derechos humanos, la nueva redacción de la Constitución establece algunos parámetros esenciales para llevar a cabo la interpretación de estos derechos en México, pues en el artículo primero, párrafos dos y tres dispone:

> «Las normas relativas a los derechos humanos se interpretarán de conformidad con esta Constitución y con los tratados internacionales de la materia favoreciendo en todo tiempo a las personas la protección más amplia.
>
> Todas las autoridades, en el ámbito de sus competencias, tienen la obligación de promover, respetar, proteger y garantizar los derechos humanos de conformidad con los principios de universalidad, interdependencia, indivisibilidad y progresividad. En consecuencia, el Estado deberá prevenir, investigar, sancionar y reparar las violaciones a los derechos humanos, en los términos que establezca la ley».

De lo anterior se desprende los siguientes principios de interpretación:

A) Interpretación conforme a la Constitución. Este principio es de aplicación general en materia constitucional, es decir, se debe de considerar en cuanto a todo el texto de la Constitución y no sólo respecto a los derechos fundamentales, y está dirigido especialmente a los jueces constitucionales que tienen la facultad de declarar nula alguna ley o acto de autoridad, pues en términos generales se debe entender que, ante la posible contradicción de una ley con la Constitución, el intérprete debe buscar entre las diversas posibilidades de interpretación, aquella que armonice la ley o acto impugnado con la Constitución, ya que se debe partir de la presunción de constitucionalidad de los actos de autoridad, y en consecuencia como apunta Fix Zamudio, salvo el supuesto de que la inconstitucionalidad legislativa sea evidente e insuperable, previamente a la declaración general de inconstitucionalidad resulta conveniente el intento de conciliar las normas legales impugnadas con las normas fundamentales[262].

---

261. PÉREZ LUÑO, Antonio Enrique, *op. cit.*, p. 310.

262. FIX ZAMUDIO, Héctor y FERRER MAC-GREGOR, Eduardo, *Las Sentencias de los Tribunales Constitucionales*, p.19.

Tal y como refiere Olano García[263] este principio posee sus raíces en la jurisprudencia del tribunal supremo norteamericano, que exige la interpretación de las leyes *«in harmony with the Constitution»*.

No obstante sus raíces americanas, es tal vez en el constitucionalismo europeo donde ha tenido mayor desarrollo, pues como afirma García de Enterría para el Tribunal Federal Alemán, este principio, conectado con la presunción de constitucionalidad de las leyes, implica:

> «observancia y en la interpretación correcta de los principios Constitucionales; en segundo término, que una Ley no puede ser declarada inconstitucionalidad más que cuando no exista "duda razonable" sobre su contradicción con la Constitución; tercero, que cuando una Ley esté redactada en términos tan amplios que puede permitir una interpretación inconstitucional habrá que presumir que, siempre que sea "razonablemente posible", el legislador ha sobreentendido que la interpretación con la que habrá de aplicarse la Ley es precisamente la que la permita mantenerse dentro de los límites constitucionales»[264]

Al margen de lo anterior, coincidimos con Cabrales Lucio en decir que, más que un principio de interpretación de la Ley, este es un principio de interpretación constitucional, pues se interpreta la Ley usando como parámetro la propia Constitución y ahora también los derechos humanos reconocidos en sede internacional[265].

En este sentido tenemos que recientemente, La Suprema Corte de Justicia de la Nación, en una interesante y trascendente resolución dictada por el Pleno ha determinado que entiende por interpretación conforme a la Constitución y los Derechos Humanos, pero la divide en dos clases a saber:

> «a) Interpretación conforme en sentido amplio. Ello significa que los jueces del país, al igual que todas las demás autoridades del Estado mexicano, deben interpretar el orden jurídico a la luz y conforme a los derechos humanos establecidos en la Constitución y en los tratados internacionales en los cuales el Estado mexicano sea parte, favoreciendo en todo tiempo a las personas la protección más amplia.
>
> b) Interpretación conforme en sentido estricto. Ello significa que cuando hay varias interpretaciones jurídicamente válidas, los jueces deben, partiendo de la presunción de constitucionalidad de las leyes, preferir aquélla que hace a la ley acorde a los derechos humanos establecidos en la Constitución y en los tratados internacionales en los que el Estado mexicano sea parte, para evitar incidir o vulnerar el contenido esencial de estos derechos»[266].

---

263. OLANO, García Hernán Alejandro, *op. cit.*, p. 161

264. GARCÍA DE ENTERRÍA, Eduardo, *op. cit.*, p. 102

265. Ver CABRALES LUCIO, José Miguel, *El principio de interpretación conforme en la Justicia Constitucional,* Editorial Porrúa, México, 2015, p. 154.

266. Resolución de la Suprema Corte de Justicia de la Nación, de fecha 14 de julio de 2011,

A nuestro juicio, sólo el principio identificado por la Corte como de «interpretación conforme en sentido estricto» es en realidad un principio de interpretación conforme, pues el primero, esto es, el general, se asemeja más al principio de interpretación *pro homine o pro persona*, que a continuación se enuncia.

B) Principio pro persona. Implica una máxima protección del derecho humano frente a diversas posibles interpretaciones, o como indica Olano García:

> «Las normas de derecho humanos deben interpretarse y aplicarse extensivamente en todo cuanto favorezca al ser humano y al pleno goce de los derechos humanos, y restrictivamente en todo lo que los excluya, restringa y condicione o exceptúe. Los conflictos de normas deben resolverse siempre en el sentido más favorable al ser humano»[267].

No obstante lo anterior, hay que reconocer con Ximena Medellín que este es un principio que al proponer el análisis de las normas desde el peso sustantivo que éstas tienen en la protección de las personas contrasta con la rigidez de criterios de supremacía, jerarquía o producción normativa; así como con un sistema estricto de producción de interpretaciones obligatorias para los distintos operadores jurídicos[268].

El problema proviene sobre todo si partimos de que el principio pro persona tiene su origen en el contexto del Derechos Internacional de los Derechos Humanos, pues el artículo 29 de la CADH en sus incisos a) y b), expresa que:

> «Ninguna disposición de la presente Convención puede ser interpretada en el sentido de:
>
> permitir a alguno de los Estados Partes, grupo o persona, suprimir el goce y ejercicio de los derechos y libertades reconocidos en la Convención o limitarlos en mayor medida que la prevista en ella;
>
> limitar el goce y ejercicio de cualquier derecho o libertad que pueda estar reconocido de acuerdo con las leyes de cualquiera de los Estados Partes o de acuerdo con otra convención en que sea parte uno de dichos Estados...».

---

publicada en el periódico oficial de fecha 4 de octubre del mismo año, en el expediente «varios» 912/2010, mediante el cual se resuelve la instrucción ordenada por el mismo pleno mediante resolución del expediente «varios» 489/2010 que se refiere a la consulta a trámite de la «asimilación» de la sentencia dictada a su vez por la Corte Interamericana de Derechos Humanos en el caso Radilla Pacheco contra los Estados Unidos Mexicanos, (punto de trámite número 33, a foja 70 del cuerpo de la citada resolución).

267. Olano García Hernán, Alejandro, *op. cit.*, p. 199.

268. Medellín Urquiaga, Ximena, *Principio pro persona,* Coedición: Suprema Corte de Justicia de la Nación, Oficina en México del Alto Comisionado de las Naciones Unidas para los Derechos Humanos, Comisión de Derechos Humanos del Distrito Federal, México, 2013, p. 16

Por esta razón coincidimos con la autora citada en que la complejidad intrínseca del principio pro persona implica que no existe una sola fuente normativa o jurisprudencial que pueda proporcionar una visión integral de su contenido. Por el contrario, para poder entenderlo más profundamente, con el objetivo de determinar cómo podría operar en casos concretos, es necesario referirse a criterios de interpretación establecidos por distintos tribunales[269].

Como todo principio de interpretación el pro persona evoluciona y toma forma con los pasos de los precedentes judiciales, sin embargo hay que concluir que en su esencia, siempre debe advertirse la finalidad de proteger en lo máximo posible la dignidad de las personas.

C) Principio de universalidad. Como se ha dicho, desde mediados del siglo pasado, los derechos humanos se han venido entendiendo como una categoría universal, en el sentido de que al ser inherente a la persona y a su dignidad humana, no deben en principio ser diferentes por ningún motivo que implique discriminación, es por esta razón que dentro del contexto internacional se ha acrecentado la celebración de diversos tratados dedicados a reconocer y proteger los derechos humanos, a grado tal que en la actualidad se habla ya de «el derecho internacional de los derechos humanos».

En razón de lo anterior, Pérez Luño afirma que cuando la ONU refiere la categoría de universal de su declaración de derechos: «Con esa dimensión de universalidad se quería afirmar, que la protección de los derechos humanos y, consiguientemente su violación no constituían ámbitos reservados a la soberanía interna de los Estados, sino problemas que afectan a toda la humanidad»[270].

Sin embargo, consideramos que en la actualidad la universalidad es una aspiración más que una realidad, pues las diversas legislaciones internas de cada país hacen que se imponga el relativismo en este tema, y al margen del discurso, la práctica nos revela una constante violación a estos derechos por todo el mundo, de tal forma que, a nuestro juicio, el hablar de universalidad de los derechos humanos, es asumir una postura que implica el tomar estos derechos en serio; pues existen criterios que niegan esta universalidad, como por ejemplo Rascado Pérez, quien considera que en la realidad estos derechos, como el derecho mismo, es la construcción del discurso dominante, en cuya creación otorga derechos, calidades y potestades, a los sujetos reconocidos dentro de un sistema, más no descubre y reconoce[271].

---

269. *Ibídem*, p. 20

270. Pérez Luño Antonio, Enrique, *La tercera generación de derechos humanos,* Editorial Aranzandi, España, 2006, p. 206.

271. Rascado Pérez, Javier, *La interpretación de los derechos fundamentales,* en «Estado Constitucional y Derechos Fundamentales», Ed. Porrúa, Universidad Autónoma de Querétaro, México, 2010, p. 339.

Al respecto podemos decir que, independientemente de si asumimos que estos derechos son el resultado o no, del discurso dominante, lo cierto es que el órgano revisor de la Constitución ha dado prevalencia a los mismos dentro de nuestro sistema, y se suma al reconocimiento de la universalidad de los mismos, lo cual según Olano García implica que su reconocimiento, aplicación y respeto son obligaciones intrínsecas de cada ser humano, sociedad o Estado, y de la comunidad internacional, y de que ellos caen bajo el ámbito y jurisdicción tanto del derecho nacional como del internacional[272].

Podemos concluir respecto a la universalidad de los derechos, reflexionando en dos sentidos, en primer término asumir que esta universalidad es una categoría deontológica a priori del concepto de derecho humanos, pues la humanidad es una y «universal», pero por otro lado, no se puede desconocer las diferencias y relativismos en el reconocimiento, positivización y respeto de estos derechos en el mundo, y es en este sentido en el que se debe trabajar si queremos que esa universalidad teórica se vuelva realidad.

Al respecto Pérez Luño refiere que la universalidad no puede quedar relegada a la esfera de los postulados ilusorios, reclama un esfuerzo constructivo tendente a su realización. Para ese empeño constructivista, la universalidad constituye una tarea a cumplir en ámbitos de debate policéntricos multinacionales y multiculturales[273].

D) Principio de interdependencia e indivisibilidad. Este principio nos constriñe a entender los derechos humanos como categorías congruentes que tienden a un fin específico a saber: el respeto de la dignidad del ser humano independiente de cualquier consideración externa, pues ésta no se puede dividir, y mucho menos caer en el error de excluir algunos derechos so pretexto del cumplimiento de otros de «mayor jerarquía», ya que lo importante es interpretarlos de manera armónica y a veces proporcional, pero sin perder de vista la finalidad de los mismos que es una e indivisible.

Olano García entiende este principio de la siguiente manera:

> «Los derechos humanos son indivisibles e interdependientes, en el sentido de que son atributos coherentes para la elevación y respeto de la dignidad humana y para el desarrollo armónico, de todos los seres humanos en conjunto, por tanto, cada derecho humano debe hacerse eficaz de una manera congruente con los demás derechos y ninguno de una manera incongruente con los derechos de los demás seres humanos»[274].

E) Principio de progresividad. Íntimamente ligado con el anterior, la progresividad de los derechos humanos, implica entender que no obstante que el reconocimiento y respeto a los mismos se ha dado en forma gradual, ello no

272. Olano García Hernán, Alejandro, *op. cit.*, p. 201.

273. Pérez Luño, Antonio Enrique, *La tercera generación de derechos humanos,* p. 222.

274. Olano García Hernán, Alejandro, *op. cit.*, p. 198.

implica que se hayan reconocido derechos diferentes o que se hayan sustituido unos por otros, sino que, la consciencia y las necesidades de la humanidad han ido evolucionando de manera tal que nos ha exigido el reconocimiento de nuevos derechos; pero este reconocimiento gradual es la dimensión dinámica de un mismo fenómeno, cuyo lado estático es la naturaleza humana, la cual es y ha sido siempre la misma, de modo tal que los nuevos derechos se suman a los anteriores en atención a un mismo fin: la dignidad de las personas.

5.4. Protección de los Derechos Humanos

En razón de la multicitada reforma en materia de derecho humanos, y también de la reforma constitucional en materia de amparo, llevada a cabo por el órgano revisor de la Constitución con fecha 4 de mayo de 2011 y publicada en el diario oficial de la federación de fecha 6 de junio del mismo año, los derechos humanos alcanzan un nuevo status de protección dentro del orden jurídico mexicano, pues si bien es cierto con anterioridad existía la posibilidad de proteger los derechos fundamentales (garantías individuales) que la Constitución contemplaba mediante diversos instrumentos procesales, especialmente el juicio de amparo, en la actualidad también se protegen todos los derechos humanos contemplados en tratados internacionales que hayan sido debidamente signados y ratificados por el Estado Mexicano, esto en razón del propio texto constitucional que establece:

> «**Artículo 1o.** En los Estados Unidos Mexicanos todas las personas gozarán de los derechos humanos reconocidos en esta Constitución y en los tratados internacionales de los que el Estado Mexicano sea parte, así como de las garantías para su protección, cuyo ejercicio no podrá restringirse ni suspenderse, salvo en los casos y bajo las condiciones que esta Constitución establece».
>
> «**Artículo 103.** Los Tribunales de la Federación resolverán toda controversia que se suscite
>
> **I.** Por normas generales, actos u omisiones de la autoridad que violen los derechos humanos reconocidos y las garantías otorgadas para su protección por esta Constitución, así como por los tratados internacionales de los que el Estado Mexicano sea parte;»

Como se puede apreciar, la nueva redacción constitucional autoriza a pensar que los derechos humanos tienen un grado de protección similar al de la propia Constitución, protección que se manifiesta a través de los siguientes medios:

A) No jurisdiccionales: La principal defensa de los derechos humanos que no involucra procesos jurisdiccionales, se constituye por la función de las Comisiones (Nacionales o Estatales) de Derechos Humanos, cuyo fundamento se da en el artículo 102 apartado B, de la Constitución, que establece:

> «**Artículo 102. Apartado B**. El Congreso de la Unión y las legislaturas de las entidades federativas, en el ámbito de sus respectivas competencias, estable-

cerán organismos de protección de los derechos humanos que ampara el orden jurídico mexicano, los que conocerán de quejas en contra de actos u omisiones de naturaleza administrativa provenientes de cualquier autoridad o servidor público, con excepción de los del Poder Judicial de la Federación, que violen estos derechos.

Los organismos a que se refiere el párrafo anterior, formularán recomendaciones públicas, no vinculatorias, denuncias y quejas ante las autoridades respectivas. Todo servidor público está obligado a responder las recomendaciones que les presenten estos organismos. Cuando las recomendaciones emitidas no sean aceptadas o cumplidas por las autoridades o servidores públicos, éstos deberán fundar, motivar y hacer pública su negativa; además, la Cámara de Senadores o en sus recesos la Comisión Permanente, o las legislaturas de las entidades federativas, según corresponda, podrán llamar, a solicitud de estos organismos, a las autoridades o servidores públicos responsables para que comparezcan ante dichos órganos legislativos, a efecto de que expliquen el motivo de su negativa.

Estos organismos no serán competentes tratándose de asuntos electorales y jurisdiccionales.

(...)

La Comisión Nacional de los Derechos Humanos podrá investigar hechos que constituyan violaciones graves de derechos humanos, cuando así lo juzgue conveniente o lo pidiere el Ejecutivo Federal, alguna de las Cámaras del Congreso de la Unión, el gobernador de un Estado, el Jefe de Gobierno del Distrito Federal o las legislaturas de las entidades federativas».

De lo anterior, cabe destacar por lo novedoso, la facultad de investigación que para casos de violaciones graves de derechos humanos se concede a la Comisión en el último párrafo del artículo 102 constitucional, facultad que como se sabe, hasta antes de la reformas de mayo y junio del 2011, se establecía a favor de la Suprema Corte de Justicia de la Nación.

B) Jurisdiccionales: En materia jurisdiccional es donde a nuestro entender se da el cambio sustancial en materia de protección de los derechos humanos, incluso es menester dividir en dos rubros esta protección tal y como a continuación se hace:

a) Protección mediante instrumentos de jurisdicción concentrada[275]:

1) **Juicio de amparo**. Como es bien sabido el juicio de amparo es y ha sido por autonomasia, el juicio protector de los derechos fundamentales del hombre en México, y es de destacar que antes de la reforma

275. El modelo de jurisdicción concentrada implica en términos generales la instrumentación de acciones ex profeso ante tribunales especializados en justicia constitucional (generalmente un tribunal o corte constitucional, o en su defecto una corte suprema); para mayor información se puede consultar: QUIÑONES DOMÍNGUEZ, Júpiter, «Sinopsis del control constitucional en México», en *Iuretec*, Año 4, No 5, Centro de Investigación Jurídica del Instituto Tecnológico y de Estudios Superiores de Monterrey, Campus Chihuahua, Segunda Edición 2011, México, p.67 .

del 11 de junio de 2011, procedía en forma directa únicamente contra violaciones a las garantías individuales establecidas en la Constitución, pero actualmente es procedente también contra violaciones a los derechos humanos plasmados en cualquier instrumento internacionales que haya sido signado por el Estado Mexicano, tal y como lo establecen los artículos 1.° párrafo primero, y 103.° fracción primera de la Constitución.

Esto desde luego constituye un gran avance en materia de protección de los derechos humanos en el país, pues se amplía de manera substancial el espectro de protección de la dignidad humana, a través de la aceptación de estos derechos al mismo nivel que aquellos plasmados en la Constitución.

2) **Acciones de Inconstitucionalidad.** Su fundamento es la fracción II del artículo 105 de la Constitución General, es un instrumento de protección de todo el orden constitucional contra normas generales que estén en contradicción con el mismo, desde luego que ello incluye normas generales que violenten los derechos humanos contemplados en el texto constitucional.

Para Juventino Castro estas acciones son:

> «procedimientos planteados en forma de juicio ante la Suprema Corte de Justicia de la Nación, por órganos legislativos minoritarios, por los partidos políticos con registro federal o estadual, o por el Procurador General de la República, en los cuales se controvierte la posible contradicción entre una norma de carácter general o un tratado internacional, por una parte, y la Constitución, por la otra, exigiéndose en el juicio la invalidación de la norma o del tratado impugnados, para hacer prevalecer los mandatos constitucionales»[276].

Por su parte Germán E. Baltazar Robles las define como un juicio federal planteado entre órganos públicos, en virtud del cual la Suprema Corte de Justicia de la Nación examina la constitucionalidad de normas generales o tratados internacionales con base en los conceptos de invalidez expresados por la parte actora[277].

3) **Juicio de protección de los derechos político-electorales del ciudadano.** Partiendo de la premisa de que los derechos políticos son también derechos humanos fundamentales, este juicio tiene como propósito su salvaguarda, y su fundamento lo encontramos en el artículo 99 párrafo cuarto, fracción V, que dice:

---

276. CASTRO JUVENTINO, V., *El artículo 105 Constitucional,* Ed. Porrúa, Tercera Edición, México, 2000, p. 123.

277. BALTAZAR ROBLES, Germán E., *Controversia Constitucional y Acción de Inconstitucionalidad*, Ángel Editor, México, 2002, p. 303.

> «Al Tribunal Electoral le corresponde resolver en forma definitiva e inatacable, en los términos de esta Constitución y según lo disponga la ley, sobre:
>
> V. Las impugnaciones de actos y resoluciones que violen los derechos político electorales de los ciudadanos de votar, ser votado y de afiliación libre y pacífica para tomar parte en los asuntos políticos del país, en los términos que señalen esta Constitución y las leyes. Para que un ciudadano pueda acudir a la jurisdicción del Tribunal por violaciones a sus derechos por el partido político al que se encuentre afiliado, deberá haber agotado previamente las instancias de solución de conflictos previstas en sus normas internas, la ley establecerá las reglas y plazos aplicables;»

Alberto del Castillo del Valle define esta instancia como el medio jurídico de protección de los derechos de votar, ser votado y asociación libre, individual y voluntaria a un partido político, de que goza un ciudadano, previéndose constitucionalmente en el artículo 99, fracción V[278].

De igual forma Roselia Bustillo Marín nos dice que el juicio para la protección de los derechos político-electorales del ciudadano es un medio de impugnación en materia electoral, a través del cual la ciudadanía puede solicitar la protección de sus derechos político-electorales, así como de todos aquellos derechos humanos vinculados con los primeros[279].

Del este último concepto (y del propio desarrollo de la jurisprudencia del Tribunal Electoral del Poder Judicial de la Federación) cabe destacar que el JDC, no sólo tiene como finalidad el proteger los derechos estrictamente "político-electorales" de los ciudadanos, sino también aquéllos derechos humanos que estén vinculados con estos, como pudieran ser el derecho de asociación en materia política.

b) Protección mediante instrumentos de jurisdicción difusa[280]:

En México, no obstante que el artículo 133 de la Constitución establece:

> «Esta Constitución, las leyes del Congreso de la Unión que emanen de ella y todos los Tratados que estén de acuerdo con la misma, celebrados y que se celebren por el Presidente de la República, con aprobación del Senado, serán la Ley

---

278. Del Castillo del Valle, Alberto, *Derecho Procesal Electoral Mexicano,* CENUA, Segunda Edición, México, 2006, p.131.

279. Bustillo Marín, Roselia, *Juicio para la protección de los derechos político-electorales del ciudadano,* Editorial, UBIJUS, México, 2016, p. 33

280. A diferencia del modelo concentrado, la jurisdicción difusa implica que el control constitucional se puede llevar a cabo por todos los jueces, a través de procedimientos incidentales que surgen con motivo de litigios concretos, para mayor información consúltese: Quiñones Domínguez, Júpiter, *op. cit.,* p. 67.

Suprema de toda la Unión. Los jueces de cada Estado se arreglarán a dicha Constitución, leyes y tratados, a pesar de las disposiciones en contrario que pueda haber en las Constituciones o leyes de los Estados».

Tradicionalmente, la Suprema Corte de Justicia de la Nación, así como los tribunales federales competentes en materia de amparo, habían sostenido la tesis de que en México no se establecía competencia a favor de los jueces del fuero común para ejercer un control difuso de la constitucionalidad de las leyes locales, pues el modelos nacional implicaba un control especializado a través del juicio de amparo en un inicio, y después fortalecido con las controversias constitucionales y las acciones de inconstitucionalidad.

No obstante lo anterior, se ha presentado un cambio de criterio por parte de la Suprema Corte, motivado principalmente por las reformas constitucionales de junio de 2011, y por una sentencia de la Corte Interamericana de Derechos Humanos, que condena al Estado Mexicano, y lo obliga al cumplimiento de diversos puntos, entre ellos, el establecer un control de «convencionalidad», donde todos los jueces del país están obligados a velar por el cabal respeto a los derechos humanos contemplados en la Convención Americana de Derechos Humanos; tal y como a continuación se explica:

El control difuso de constitucionalidad-convencionalidad:

Efectivamente en la ya citada sentencia del 04 de octubre del 2011, referente a la «asimilación» de la Sentencia Interamericana en el caso Rosendo Radilla Pacheco contra el Estado Mexicano, la Suprema Corte resuelve lo siguiente:

> «**SÉPTIMO. Control de convencionalidad ex officio en un modelo de control difuso de constitucionalidad**. Una vez que hemos dicho que las sentencias de la Corte Interamericana de Derechos Humanos en las que el Estado mexicano haya sido parte son obligatorias para el Poder Judicial en sus términos, hay que pronunciarnos sobre lo previsto en el párrafo 339 de la sentencia de la Corte Interamericana que establece lo siguiente:
>
> "339. En relación con las prácticas judiciales, este Tribunal ha establecido en su jurisprudencia que es consciente de que los jueces y tribunales internos están sujetos al imperio de la ley y, por ello, están obligados a aplicar las disposiciones vigentes en el ordenamiento jurídico. Pero cuando un Estado ha ratificado un tratado internacional como la Convención Americana, sus jueces, como parte del aparato del Estado, también están sometidos a ella, lo que les obliga a velar porque los efectos de las disposiciones de la Convención no se vean mermados por la aplicación de leyes contrarias a su objeto y fin, que desde un inicio carecen de efectos jurídicos. En otras palabras, el Poder Judicial debe ejercer un 'control de convencionalidad' ex officio entre las normas internas y la Convención Americana, evidentemente en el marco de sus respectivas competencias y de las regulaciones procesales correspondientes. En esta tarea, el Poder Judicial debe tener en cuenta no solamente el tratado, sino también la interpretación que del mismo ha hecho la Corte Interamericana, intérprete última de la Convención Americana"».

En otro aspecto, el diez de junio de dos mil once se publicó en el Diario Oficial de la Federación la reforma al artículo 1o. de la Constitución Federal para quedar, en sus primeros tres párrafos, como sigue:

> «En los Estados Unidos Mexicanos todas las personas gozarán de los derechos humanos reconocidos en esta Constitución y en los tratados internacionales de los que el Estado Mexicano sea parte, así como de las garantías para su protección, cuyo ejercicio no podrá restringirse ni suspenderse, salvo en los casos y bajo las condiciones que esta Constitución establece.
>
> Las normas relativas a los derechos humanos se interpretarán de conformidad con esta Constitución y con los tratados internacionales en la materia favoreciendo en todo tiempo a las personas la protección más amplia.
>
> Todas las autoridades, en el ámbito de sus competencias, tienen la obligación de promover, respetar, proteger y garantizar, los derechos humanos de conformidad con los principios de universalidad, interdependencia, indivisibilidad, y progresividad. En consecuencia, el Estado deberá prevenir, investigar, sancionar y reparar las violaciones a los derechos humanos en los términos que establezca la ley (...)».

En este sentido, la Corte concluye:

> «De este modo, el mecanismo para el control de convencionalidad ex officio en materia de derechos humanos debe ser acorde con el modelo general de control establecido constitucionalmente, pues no podría entenderse un control como el que se indica en la sentencia que analizamos si el mismo no parte de un control de constitucionalidad general que se desprende del análisis sistemático de los artículos 1o. y 133 de la Constitución y es parte de la esencia de la función judicial».

En relación a este «nuevo» medio de control constitucional, consideramos importante hacer las siguientes precisiones:

a) El control difuso realizado por los jueces ordinarios, sólo tendrá el alcance de resolver la inaplicación de una norma general considerada inconstitucional, y de ninguna manera podrán los jueces declarar la inconstitucionalidad general de la norma; así lo determina la Suprema Corte en la sentencia citada:

> «32. Esta posibilidad de inaplicación por parte de los jueces del país en ningún momento supone la eliminación o el desconocimiento de la presunción de constitucionalidad de las leyes, sino que, precisamente, parte de esta presunción al permitir hacer el contraste previo a su aplicación».

b) El control difuso se realizará respecto de normas generales que violenten derechos humanos reconocidos por la Constitución General o en Tratados Internacionales celebrados por el Estado Mexicano; pero no por violaciones a diversos contenidos de la Constitución, según se desprende de la interpretación sistemática del artículo 1 constitucional en relación con el 133 de la misma Carta Magna, y de la sentencia emitida por la Suprema Corte de Justicia en la asimilación de la sentencia interamericana del caso Radilla Pacheco;

c) El control difuso, debe acotarse respecto a Tratados Internacionales que contemplen derechos humanos que puedan ser violentados, y no en relación a todos los tratados internacionales celebrados por el Estado Mexicano, según se infiere del texto del artículo 1 de la Constitución.

5.5. Conclusiones del capítulo

PRIMERA. Desde junio de 2011, la Constitución mexicana ha sido objeto de una serie de modificaciones que han propiciado un nuevo paradigma jurídico consistente en la «supremacía de los derechos humanos» de tal suerte que podemos decir que se ha dado el paso del «Estado de Derecho» al «Estado de Derechos».

SEGUNDA. No obstante lo anterior, el nuevo texto de la Constitución sigue diferenciando los derechos humanos de sus garantías, entendiendo por los primeros una serie de categorías morales que derivan de la dignidad humana y por las segundas el reconocimiento jurídico que hace el Estado respecto a esas categorías, plasmándolos en su Constitución o en Tratados Internacionales, de tal forma que los derechos humanos son el objeto de protección de las garantías, y éstas son el medio jurídico de protección de aquellos.

TERCERA. El nuevo texto constitucional acoge de manera expresa ciertos criterios de interpretación que nos remiten a la supremacía de los derechos humanos; estos criterios son: a) interpretación conforme; b) principio pro homine; c) universalidad de los derechos; d) interdependencia e indivisibilidad de los derechos; e) progresividad de los derechos.

CUARTA. Mediante reinterpretación jurisdiccional del artículo 133, y en armonía con la supremacía de los derechos humanos, se reconoce la facultad-obligación de todos los jueces del país de velar por el control de constitucionalidad-convencionalidad, específicamente cuando existan normas generales que vulneren derechos humanos contemplados en la Constitución o en Tratados Internacionales celebrados por el Estado Mexicano.

QUINTA. El «nuevo» control difuso de constitucionalidad-convencionalidad exige al menos tener en cuenta los siguientes aspectos: a) El control difuso realizado por los jueces ordinarios, sólo tendrá el alcance de resolver la inaplicación de una norma general considerada inconstitucional, y de ninguna manera podrán los jueces declarar la inconstitucionalidad general de la norma; b) El control difuso se realizará respecto de normas generales que violenten derechos humanos reconocidos por la Constitución General o en Tratados Internacionales celebrados por el Estado Mexicano; pero no por violaciones a diversos contenidos de la Constitución, según se desprende de la interpretación sistemática del artículo 1 constitucional en relación con el 133 de la misma Carta Magna, y de la sentencia emitida por la Suprema Corte de Justicia en la asimilación de la sentencia interamericana del caso Radilla Pacheco; c) El control difuso, debe acotarse respecto a Tratados Internacionales que contemplen derechos humanos que puedan ser violentados, y no en relación a todos los tratados internacionales celebrados por el Estado Mexicano, según se infiere del texto del artículo 1 de la Constitución.

CAPÍTULO 6

ANÁLISIS DE ALGUNAS DECISIONES RELEVANTES DE LA SUPREMA CORTE DE JUSTICIA DE LA NACIÓN, Y TRIBUNALES FEDERALES, DESDE LA PERSPECTIVA DEL ACTIVISMO O AUTO-RESTRICCIÓN JUDICIAL Y EL CONTROL DE CONVENCIONALIDAD

6.1. Resolución del Expediente Varios 912/2010

Como se ha dicho con anterioridad, en el expediente varios 912/2010, relativo a la instrucción ordenada por el Tribunal Pleno de la Suprema Corte de Justicia de la Nación, en la resolución de fecha siete de septiembre de dos mil diez, dentro del expediente varios 489/2010, el máximo Tribunal estableció criterios de trascendencia para el sistema jurídico mexicano, dentro de los que destacan los siguientes:

A) Determinar la participación de la Suprema Corte de Justicia y en general del Poder Judicial de la Federación en el cumplimiento de las sentencias condenatorias en contra del Estado Mexicano dictadas por la Corte Interamericana de Derechos Humanos

En este sentido, la Corte en el considerando segundo de la resolución en comento determinó lo siguiente:

> «Debe emitirse una declaración acerca de la posible participación del Poder Judicial de la Federación en la ejecución de la sentencia dictada por la Corte Interamericana de Derechos Humanos en el Caso Radilla Pacheco contra los Estados Unidos Mexicanos.
>
> (...)
>
> Deberá definirse qué obligaciones concretas le resultan al Poder Judicial de la Federación y la forma de instrumentarlas».

La cuestión la resuelve mediante lo expresado dentro del considerando quinto, del cual se destaca lo siguiente:

> «...el Estado mexicano ha sido parte en una controversia o litigio ante la jurisdicción de la Corte Interamericana, la sentencia que se dicta en esa sede, junto con todas sus consideraciones, constituye cosa juzgada y corresponde exclusivamente a ese órgano internacional evaluar todas y cada una de las excepciones formuladas por el Estado mexicano, tanto si están relacionadas con la extensión de la competencia de la misma Corte o con las reservas y salvedades formuladas por el propio Estado mexicano, ya que nos encontramos ante una instancia internacional.
>
> (...)
>
> Esta sede de jurisdicción nacional no puede hacer ningún pronunciamiento que cuestione la validez de los resuelto por la Corte Interamericana de Derechos Humanos, ya que para el Estado Mexicano dichas sentencias constituyen, como ya dijimos, cosa juzgada y, por ende, lo único procedente es acatar y reconocer la totalidad de la sentencia en sus términos.
>
> La firmeza vinculante de las sentencias de la Corte Interamericana de Derechos Humanos deriva, además de lo expuesto, de lo dispuesto en los artículos 62.3, 67 y 68 de la Convención Americana sobre Derechos Humanos...
>
> Así, las resoluciones pronunciadas por aquella instancia internacional cuya jurisdicción ha sido aceptada por el Estado mexicano, son obligatorias para todos los órganos del mismo en sus respectivas competencias, al haber figurado como Estado parte de un litigio concreto, Por tanto, para el Poder Judicial son vinculantes no solamente los puntos de resolución concretos de la sentencia, sino la totalidad de los criterios contenidos en la sentencia mediante la cual se resuelve ese litigio».

Quedó claro pues, la obligatoriedad que para el Poder Judicial implican las resoluciones de la Corte IDH, sin embargo, en esta resolución sólo se reconoce esa «vinculatoriedad» respecto de las sentencias dictadas en contra del Estado mexicano en un litigio en concreto, excluyendo la obligatoriedad de la jurisprudencia de la Corte IDH derivada de sentencias diversas en donde no participaba el Estado Mexicano.

Esto se desprende del párrafo 20 del mismo considerando quinto, que dice:

> «Por otro lado, el resto de la jurisprudencia de la Corte Interamericana que deriva de las sentencias en donde el Estado mexicano no figura como parte, tendrá el carácter orientador de todas las decisiones de los jueces mexicanos, pero siempre en aquello que le sea más favorecedor a la persona, de conformidad con el artículo 1.° constitucional...».

Con esta determinación la Corte mexicana nos parece contraria a la intención de la Corte IDH, que en el misma sentencia en el caso Radilla Pacheco, en su párrafo 347 establece que:

> «347. Asimismo, este Tribunal ha reiterado que la obligación del Estado de investigar de manera adecuada y sancionar, en su caso, a los responsables, debe

cumplirse diligentemente para evitar la impunidad y que este tipo de hechos vuelvan a repetirse. En consecuencia, la Corte ordena que, sin perjuicio de los programas de capacitación para funcionarios públicos en materia de derechos humanos que ya existan en México, el Estado deberá implementar, en un plazo razonable y con la respectiva disposición presupuestaria:

a) Programas o cursos permanentes relativos al análisis de la jurisprudencia del Sistema Interamericano de Protección de los Derechos Humanos en relación con los límites de la jurisdicción penal militar, así como los derechos a las garantías judiciales y la protección judicial, como una forma de prevenir que casos de violación a los derechos humanos sean investigados y juzgados por dicha jurisdicción. Tales programas estarán dirigidos a los miembros de todas las Fuerzas Militares, incluyendo a los agentes del Ministerio Público y jueces, así como a los agentes del Ministerio Público de la Procuraduría General de la República y jueces del Poder Judicial de la Federación, y...».

De donde se desprende la importancia que la propia Corte IDH otorga a la jurisprudencia que emite, y que además es congruente con el papel de dicho Tribunal Internacional como máximo intérprete de la Convención.

B) Obligaciones concretas del Poder Judicial en materia de control de convencionalidad

Respecto a este punto, la resolución en cuestión en el considerando sexto determinó lo siguiente:

«Los jueces deberán llevar a cabo un Control de convencionalidad ex officio en un modelo de control difuso de constitucionalidad.

Deberá restringirse la interpretación del fuero militar en casos concretos.

El Poder Judicial de la Federación deberá implementar medidas administrativas derivadas de la sentencia de la Corte Interamericana en el caso Radilla Pacheco».

Ahora bien, respecto al Control de convencionalidad *ex officio* en el modelo de control difuso de constitucionalidad, la Corte fundamenta la decisión en lo dispuesto en el párrafo 339 de la sentencia de la Corte Interamericana en el caso Radilla Pacheco, el cual dispone que:

«339. En relación a las prácticas judiciales, este Tribunal ha establecido en su jurisprudencia que es consciente de que los jueces y tribunales internos están sujetos al imperio de la ley y, por ello, están obligados a aplicar las disposiciones vigentes en el ordenamiento jurídico. Pero cuando un Estado ha ratificado un tratado internacional como la Convención Americana, sus jueces, como parte del aparato del Estado, también están sometidos a ella, lo que les obliga a velar porque los efectos de las disposiciones de la Convención no se vean mermados por la aplicación de leyes contrarias a su objeto y fin, que desde un inicio carecen de efectos jurídicos. En otras palabras, el Poder Judicial debe ejercer un "control de convencionalidad" ex officio entre las normas internas y la Convención Americana, evidentemente en el marco de sus respectivas competencias y de las regulaciones procesales correspondientes».

Como puede apreciarse, de lo dicho por la Corte IDH, si bien se desprende la necesidad de establecer un control de convencionalidad *ex officio*, no se especifica que el mismo tenga que ser «difuso», al contrario, la Corte IDH es clara al decir que dicho control debe darse por los tribunales internos «en el marco de sus respectivas competencias y de las regulaciones procesales correspondientes...», lo que desde luego en principio choca con la idea de un control difuso, pues desde la década de los años 30's se había venido sosteniendo el criterio de que en México no existía una competencia a favor de los jueces locales para realizar un control de constitucionalidad en forma difusa, sino que, prevalecía la tesis de que únicamente los tribunales de la federación eran los competentes para realizar control de constitucionalidad de manera concentrada y mediante la acción ex profeso del juicio de amparo (y como ya se vio a partir de 1994 también mediante controversias constitucionales y acciones de inconstitucionalidad).

No obstante lo anterior, la Corte mexicana consideró en la resolución en comento, que en virtud de la reforma en materia de derechos humanos, de diez de junio de dos mil once sobre todo respecto al artículo 1o. de la Constitución Federal se introdujeron cambios importantes que a su juicio sirvieron para justificar el establecimiento del control difuso de constitucionalidad-convencionalidad, pues la nueva redacción del precepto constitucional quedó como sigue:

> «En los Estados Unidos Mexicanos todas las personas gozarán de los derechos humanos reconocidos en esta Constitución y en los tratados internacionales de los que el Estado Mexicano sea parte, así como de las garantías para su protección, cuyo ejercicio no podrá restringirse ni suspenderse, salvo en los casos y bajo las condiciones que esta Constitución establece.
>
> Las normas relativas a los derechos humanos se interpretarán de conformidad con esta Constitución y con los tratados internacionales en la materia favoreciendo en todo tiempo a las personas la protección más amplia.
>
> Todas las autoridades, en el ámbito de sus competencias, tienen la obligación de promover, respetar, proteger y garantizar, los derechos humanos de conformidad con los principios de universalidad, interdependencia, indivisibilidad, y progresividad. En consecuencia, el Estado deberá prevenir, investigar, sancionar y reparar las violaciones a los derechos humanos en los términos que establezca la ley (...)».

En este sentido, la Corte concluye:

> «De este modo, el mecanismo para el control de convencionalidad ex officio en materia de derechos humanos debe ser acorde con el modelo general de control establecido constitucionalmente, pues no podría entenderse un control como el que se indica en la sentencia que analizamos si el mismo no parte de un control de constitucionalidad general que se desprende del análisis sistemático de los artículos 1o. y 133 de la Constitución y es parte de la esencia de la función judicial».

En consecuencia, como resultado de la interpretación sistemática de estos dos artículos constitucionales 1 y 133, la Corte concluyó que en México debe operar un control difuso de constitucionalidad-convencionalidad, situación que a nuestro ver si constituye un exceso en la interpretación que pudiera tomarse como una muestra de activismo judicial.

En efecto, consideramos excesiva y activista dicha resolución por lo siguiente:

a) Como se ha dicho antes, la Corte IDH en la sentencia del caso Radilla Pachecho, exige al Estado Mexicano el instituir un control de convencionalidad *ex officio* para efectos de que las leyes internas no sean óbices para el cumplimiento y respeto de la Convención y demás derechos humanos reconocidos en tratados internacionales, sin embargo, en ningún momento establece que dicho control, tendrá que ser de una manera determinada, incluso reconoce que la implementación tiene que darse respetando las competencias y regulaciones procesales correspondientes. En consecuencia, no existía obligación para el Estado mexicano de que el control de convencionalidad fuera de carácter difuso.

b) El hecho de que la haya estimado conducente la implementación de un sistema de control de constitucionalidad-convencionalidad difuso, rompe con un criterio de interpretación que tenía al menos 80 años, y «manda» de un plumazo a todos los jueces del país (sin importar su jerarquía, condiciones de infraestructura y capacitación) a realizar de manera oficiosa, control difuso de constitucionalidad convencionalidad, situación que desde luego se prestó para mucha incertidumbre jurídica en todo el país.

6.2. Contradicción de Tesis 293/2011 del Pleno de la Suprema Corte de Justicia de la Nación

Ahora bien, en otra resolución paradigmática de la Corte, al resolver la contradicción de tesis 293/2011[281] el pleno confirma la obligatoriedad de respeto de los derechos humanos de fuente internacional al igual que la obligación de todas las autoridades (en especial las jurisdiccionales) de llevar a cabo un control de constitucionalidad-convencionalidad, sin embargo establece dos criterios importantes a saber: 1) La relación de los derechos humanos en tratados internacionales no se pueden analizar en términos de jerarquía normativa, sino que todos los derechos humanos reconocidos en el ordenamiento jurídico mexicano, independientemente de si se encuentran en el texto de la Constitución o en el de algún Tratado celebrado por el

281. Suprema Corte de Justicia de la Nación, Contradicción de Tesis 293/2011. Dictada en la sesión del Pleno, de fecha 03 de septiembre de 2013, publicada el 25 de abril de 2014. Pleno Gaceta del Semanario Judicial de la Federación, Libro 5, abril de 2014, T. I. página 96.

Estado Mexicano, guardan una misma relación jerárquica que se entiende superior respecto a otras normas, pues según la propia Corte constituyen el parámetro de control de la regularidad constitucional, y 2) La jurisprudencia de la Corte Interamericana de Derechos Humanos, resulta vinculante para los tribunales nacionales, independientemente de sí la misma resulta de sentencias condenatorias al Estado Mexicano, o no, lo cual viene a sustituir el criterio establecido en la resolución del expediente varios 912/2010 que establecía que cuando el criterio de la Corte IDH no era condenatorio para el Estado Mexicano, resultaba únicamente «orientador» más no vinculante para los tribunales de nuestro país.

Con la finalidad de ampliar el comentario de estos dos criterios, nos permitimos citar textualmente lo siguiente:

A foja 26 de la citada resolución el Tribunal Supremo nos indica que:

> «...el criterio de jerarquía resulta insatisfactorio para dar cuenta de lo ocurrido con las normas de derechos humanos previstas en tratados internacionales...».

Por lo que concluye a foja 51:

> «...las normas de derechos humanos contendías en tratados internacionales y en la Constitución no se relacionan entre sí en términos jerárquicos. En efecto, una vez que un tratado es incorporado al orden jurídico, las normas de derechos humanos que éste contenga se integran al catálogo de derechos que funciona como un parámetro de regularidad constitucional, de tal suerte que dichas normas no pueden contravenir el principio de supremacía constitucional precisamente porque forman parte del conjunto normativo respecto del cual se predica la supremacía».

No obstante lo anterior, en la misma resolución la Corte establece una especie de «superioridad» de las normas constitucionales cuando éstas contienen restricciones a los derechos humanos, pues indica:

> «...derivado de la parte final del primer párrafo del artículo 1.° constitucional, el Pleno de esta Suprema Corte de Justicia de la Nación entiende que cuando en la Constitución haya una restricción expresa al ejercicio de los derechos humanos, se deberá estar a lo que indica la norma constitucional».

Por otra parte y respecto a la obligatoriedad de la jurisprudencia interamericana la Corte sostiene que:

> «Ahora bien, como resultado de nuevas reflexiones (...), debe considerarse que esta fuerza vinculante de los criterios interpretativos contenidos en sentencias interamericanas debe extenderse a aquellas dictadas en casos en los que el Estado mexicano no haya sido parte...» (...)
>
> «En consecuencia, los criterios que emita la Corte Interamericana en sus resoluciones, como intérprete último de la Convención Americana en el ámbito internacional, son vinculantes para todos los órganos jurisdiccionales del país».

En este orden de ideas, la Corte hace referencia a los posibles conflictos que se puedan presentar entre los criterios nacionales y los interamericanos, resolviendo lo siguiente:

> «...la jurisprudencia de la Corte Interamericana de Derechos Humanos aun entendida como vinculante para los operadores jurídicos mexicanos, no pretende ni puede sustituir a la jurisprudencia nacional ni debe ser aplicada en forma acrítica. Por el contrario, la aplicación de la jurisprudencia del tribunal interamericano debe hacerse en clave de colaboración y no de contradicción con la jurisprudencia nacional, de modo que los pronunciamientos que eventualmente impliquen una diferencia de criterio respecto a los alcances que pueda llegar a tener un derecho en específico deberán ser resueltos, en términos de lo apuntado en el apartado anterior, con base en el principio pro persona.» (Énfasis añadido)

Visto en síntesis el contenido de la citada resolución, no podemos dejar de observar lo que consideramos criterios contradictorios y por ende una incongruencia de la propia sentencia, en razón de lo siguiente:

1) En principio la Corte señala que la relación de los derechos humanos independientemente de su fuente, en virtud de lo establecido por el párrafo primero del artículo 1 de la Constitución, no puede entenderse en términos de jerarquía normativa, sin embargo, al momento de analizar la posibilidad de que exista una restricción en el texto constitucional respecto al ejercicio de un derecho humano de fuente internacional, le da prevalencia al texto de la Constitución, por lo que tácitamente regresa a la idea de la jerarquía, pues no da más argumentación que la que se desprende del propio texto constitucional.
2) No obstante lo anterior reconoce la vinculatoriedad de la jurisprudencia interamericana para todos los operadores jurídicos nacionales, en consecuencia surge la pregunta ¿Si los criterios interamericanos son obligatorios, qué debe hacer un operador en el caso hipotético de que encuentra un criterio interamericano que está en contradicción con una restricción constitucional? En principio, y dado el criterio de jerarquía que da la Corte (aunque no lo reconozca expresamente) debe entenderse que prevalece la restricción constitucional.
3) Sin embargo la Corte indica que ante la contradicción de criterios, se deberá trabajar en clave de colaboración, buscando la solución más favorable al derecho humano de que se trate, es decir, privilegiando el principio pro persona.

Es por esto que se considera que existe una contradicción interna en la sentencia, pues por un lado dice que cuando haya conflicto de criterios (en cuanto a una restricción constitucional) debe prevalecer el texto de la Constitución, y por otro lado afirma que se debe privilegiar el principio pro persona. Lo anterior sin que pase desapercibido que cuando habla de la prevalencia de tal principio, se refiere a contradicciones de criterios, y no entre un criterio interamericano y el texto constitucional que establece una restricción, sin embargo consideramos evidente que cualquier restricción también estará sujeta a interpretación, por lo que en estos casos casi siempre se caerá en conflictos de criterios.

6.3. Resolución del Pleno de la Suprema Corte de Justicia de la Nación, Expediente Varios 1396/2011

La sentencia que ahora se comenta[282], forma parte del *corpus* de resoluciones que nuestro máximo tribunal ha dictado con la finalidad de trazar el método de asimilación y cumplimiento de sentencias interamericanas que condenen al Estado Mexicano. En este caso se refiere al cumplimiento de las sentencias de la Corte Interamericana de Derechos Humanos en los casos «Fernandez Ortega» y «Rosendo Cantú» contra los Estados Unidos Mexicanos.

A) Temática. La sentencia publicada en el Diario Oficial de la Federación de fecha 14 de agosto de 2015, tuvo como punto jurídico el determinar qué medidas deben adoptarse en el orden jurídico del Estado mexicano para la recepción de las sentencias dictadas por la Corte Interamericana en los casos «Fernandez Ortega» y «Rosendo Cantú», en específico en el Poder Judicial de la Federación.

B) Reconocimiento de la competencia contenciosa de la Corte IDH y de sus criterios vinculantes. Un punto importante a comentar fue la reiteración que hizo la Suprema Corte respecto al reconocimiento de la competencia y vinculatoriedad de las sentencias interamericanas para el Estado mexicano y en concreto para el Poder Judicial de la Federación, en palabras textuales:

> «Este Tribunal, aún como tribunal constitucional, no puede evaluar este litigio ni cuestionar la competencia de la Corte, sino sólo limitarse a su cumplimiento en la parte que le corresponde y en sus términos, pues prevalece la razón de que el fallo precisamente se relaciona con una obligación expresamente aceptada y no cumplida».

Con este reconocimiento, la Suprema Corte da por descartado cualquier intento de revisión judicial en sede nacional que se pretendiera plantear a una sentencia interamericana, como sucedió en el caso *Fontovecchia* en Argentina donde la Corte Suprema sostuvo que no obstante que las sentencias de la Corte Interamericana son obligatorias, dicho Tribunal Internacional

282. Sentencia dictada por el Tribunal Pleno en el Expediente Varios 1396/2011, publicada en el Diario Oficial de la Federación de fecha 14 de agosto de 2015.

no puede «casar» o «dejar sin efecto» decisiones judiciales locales, especialmente hablando de sentencias de la Corte Suprema[283].

Por ello vale la pena destacar lo asentado por la Suprema Corte de Justicia de la Nación en la resolución que se comenta cuando expresa que:

> «En este sentido, esta Suprema Corte no es competente para analizar, revisar, calificar o decidir si una sentencia dictada por la Corte Interamericana de Derechos Humanos, esto es, en sede internacional, es correcta o incorrecta, o si la misma se excede en relación a las normas que rigen su materia y proceso (...) dichas sentencias constituyen cosa juzgada y, por ende, lo único procedente es acatar y reconocer la totalidad de la sentencia en sus términos, cuya justificación intrínseca radica en la obligación no cumplida».

Ahora bien, respecto a la obligación por los demás órganos del Estado Mexicano, la Corte confirma el criterio que venía sustentado desde la resolución del expediente varios 912/2010, en el sentido de que las resoluciones pronunciadas por la Corte IDH son obligatorias para todos los órganos del Estado mexicano en sus respectivas competencias al haber figurado como Estado parte en un litigio en concreto, y dice textualmente:

> «Por tanto, para el Poder Judicial son vinculantes no solamente los puntos de resolución concretos de la sentencia, sino la totalidad de los criterios contenidos en la sentencia mediante la cual se resuelve ese litigio».

Es decir, la Corte reconoce que con motivo de tratarse de una cosa juzgada, la sentencia interamericana vincula al Poder Judicial tanto en los puntos resolutivos como en lo que toca a los criterios jurisprudenciales, esto hay que tenerlo presente, porque según la propia Corte los criterios de jurisprudencia interamericana derivados de sentencias en las que no se condena al Estado mexicano, si bien son «vinculantes» para todos los tribunales mexicanos, lo son en un sentido menos rígido que cuando estamos en presencia de la *res judicata*.

En palabras de la Corte:

> «Por otro lado, cabe precisar que este Tribunal Pleno ha determinado que el resto de la jurisprudencia de la Corte Interamericana que deriva de las sentencias en donde el Estado mexicano no figura como parte, también tendrá el carácter de criterio vinculante cuando resulte más favorable en términos del principio por persona contenido en el artículo 1 constitucional, toda vez que éste sienta las bases para una interpretación mínima respecto a un derecho particular. Debiéndose precisar que en estos casos no debe entenderse el carácter vinculante de los criterios

283. Para profundizar en el tema véase a Hitters Juan Carlos, *Control de Convencionalidad ¿Puede la Corte Interamericana de Derechos Humanos dejar sin efecto fallos de los Tribunales Superiores de los países?*, en *Estudios Constitucionales*, Año 15, No 2, 2017, pp. 533-568.

en un sentido fuerte, sino como una vinculación a los operadores jurídicos a observar en sus resoluciones un estándar mínimo, que bien podría ser el internacional o el nacional, dependiendo cuál resulte más favorable a las personas».

Concluye con esta directriz:

«De este modo, los jueces nacionales deben inicialmente observar los derechos establecidos en la Constitución Mexicana y en los tratados internacionales de los que el Estado mexicano sea parte, así como los criterios emitidos por el Poder Judicial de la Federación al interpretarlos y acudir a los criterios interpretativos de la Corte Interamericana para evaluar si existe alguno que resulte más favorecedor y procure una protección más amplia del derecho que se pretende proteger».

Al fijar esta posición, consideramos que la Corte esclarece las dudas que había dejado en la contradicción de tesis 293/2011 en cuanto a cuál debía de ser el proceder del juez mexicano al decidir con base en criterios tanto nacionales como interamericanos, pues fija una distinción entre la vinculatoriedad de los criterios interamericanos cuando el Estado mexicano es parte de la litis internacional, caso en los que se da una vinculación «fuerte» derivada de la «cosa juzgada», y los criterios interamericanos derivados de litigios donde el Estado mexicano no participó como parte; en estos casos la vinculación de los criterios podría decirse que es «débil» pues sólo se utiliza la «cosa interpretada» de los mismos, sobre todo atendiendo al principio pro persona.

Ahora bien, no puede pasarnos desapercibido que lo que hace la Corte al establecer esta diferenciación entre vinculación «fuerte» o «débil» de las sentencias interamericanas, es una "modulación convencional" de los artículos 64, 67 y 69 de la Convención, entendiendo por modulación lago similar a lo que Nestor Pedro Sagües entiende por "modulación constitucional", pero extrapolándolo desde luego a la Convención Americana Sobre Derechos Humanos, en palabras del autor mencionado:

«La modulación constitucional, (...) podría destacarse que propone para ciertos segmentos de la constitución (el más significativo puede ser el de los derechos personales), extraer en cada caso distintas respuestas o productos interpretativos, en función de contextos, obviamente diferentes, que exigen una evaluación especial. El mismo precepto constitucional, por ende, podría tener variaciones o matices en su aplicación, en razón de una serie de factores de diversa índole»[284].

Ahora bien, aún reconociendo que la modulación realizada por la Suprema Corte de Justicia se justifica en atención al margen de apreciación nacional y al principio de interpretación pro persona, todo ello contextualizado con-

---

284. SAGÜES NESTOR, Pedro, «La modulación constitucional», en *Iberoamericano de Derecho Procesal Constitucional* y Editorial Porrúa, No. 21, Enero-junio, 2014 *Revista Iberoamericana de Derecho Procesal Constitucional*, Instituto, p. 277.

forme al artículo 29 de la Convención, no se debe pasar por alto que existe el riesgo de que la Corte Interamericana discrepe con la postura interpretativa de la Corte, pues al final del día aquella es la última intérprete de la Convención de conformidad con la misma, además, como indica Sagües, en tratándose de modulación convencional, ésta tiene sus límites, como que no podrá afectar la esencia del derecho en juego; y además, que se encuentra bajo la revisión y fiscalización de los órganos jurisdiccionales creados por la convención respectiva, que podría descalificar como inconvencional la efectivización del margen de apreciación nacional practicado por un Estado[285].

6.4. Contradicción de tesis 336/2013

Dictada por la Segunda Sala de la Suprema Corte de Justicia de la Nación con fecha 22 de enero del año 2014, con ella se resolvió la contradicción de tesis entre los criterios sustentados por el Primer Tribunal Colegiado en materias Administrativa y del Trabajo del Décimo Sexto Circuito y el Primer Tribunal Colegiado del Trigésimo Circuito[286].

Los criterio contradictorios fueron los siguientes:

A) El Primer Tribunal Colegiado en materias Administrativa y del Trabajo del Décimo Sexto Circuito, sostuvo:

a) En cuanto al caso concreto se trató sobre un concepto de violación en el que se argumentó por parte de la quejosa el hecho de que la Autoridad Responsable (Sala Fiscal) omitió el estudió de un concepto de impugnación «...en el sentido de que el párrafo segundo del artículo 151, fracción VII de la Ley Aduanera, en contravención al principio de inmediatez, no establece un plazo cierto para emitir la orden de embargo».

b) El Tribunal Colegiado argumentó que en razón de un criterio de la Primera Sala de la SCJN derivado de la reforma en materia de Derechos Humanos del 10 de junio de 2011, todas las autoridades en el ámbito de sus competencias están obligadas a ejercer un control difuso de constitucionalidad-convencionalidad. Por lo que textualmente expresó:

> «Así, el control de constitucionalidad ya no es limitativo de los órganos del Poder Judicial de la Federación, a través de los medios legalmente establecidos, sino que ahora todas las autoridades del país, incluidas las de carácter jurisdiccional, están facultadas y obligadas, en el ámbito de sus respectivas competencias, a observar los derechos contenidos en la Constitución y en los tratados internacionales».

---

285. *Ibídem*, p. 280.

286. Contradicción de tesis 336/2013. 2.ª/J 16/2014 (10). Semanario Judicial de la Federación. 11 de abril de 2014.

c) No obstante, también considero que la omisión en un juicio natural, de realizar dicho control, no es motivo suficiente para conceder el amparo para efectos de que se le regrese el expediente y se lleve a cabo dicho control, lo anterior en razón de las siguientes notas argumentativas:

- Cuando resulta fundado un concepto de violación derivado de la omisión del estudio de una cuestión de constitucionalidad-convencionalidad, en virtud de los principios de justicia pronta y expedita y del derecho de acceso a la justicia, no es dable conceder el amparo para efectos de que la responsable subsane la omisión, toda vez que la autoridad de amparo tiene competencia para realizar el estudio en ejercicio de plena jurisdicción en el juicio de amparo, por tratarse de una cuestión constitucional o de convencionalidad. Lo anterior lo sustentó citando el criterio siguiente:

> Suprema Corte de Justicia de la Nación. Registro digital: 2002487. Instancia: Tribunales Colegiados de Circuito. Décima Época. Materias(s): Común. Tesis: XXVII.1o.(VIII Región) 9 K (10a.). Fuente: Semanario Judicial de la Federación y su Gaceta. Libro XVI, Enero de 2013, Tomo 3, página 2001. Tipo: Aislada
>
> CONTROL DE CONVENCIONALIDAD EX OFFICIO EN UN MODELO DE CONTROL DIFUSO DE CONSTITUCIONALIDAD. EN EL JUICIO DE AMPARO ES INNECESARIO CONCEDER LA PROTECCIÓN SOLICITADA PARA QUE LA AUTORIDAD JURISDICCIONAL RESPONSABLE LO EFECTÚE, PUES EL ÓRGANO DE AMPARO PUEDE ASUMIR TAL ANÁLISIS.
>
> Del artículo 1o. de la Constitución Política de los Estados Unidos Mexicanos y de las tesis aisladas P. LXVII/2011 (9a.) y P. LXX/2011 (9a.) del Pleno de la Suprema Corte de Justicia de la Nación, publicadas en el Semanario Judicial de la Federación y su Gaceta, Décima Época, Libro III, Tomo 1, diciembre de 2011, páginas 535 y 557, de rubros: «CONTROL DE CONVENCIONALIDAD EX OFFICIO EN UN MODELO DE CONTROL DIFUSO DE CONSTITUCIONALIDAD» y «SISTEMA DE CONTROL CONSTITUCIONAL EN EL ORDEN JURÍDICO MEXICANO».; respectivamente, se advierte lo siguiente: a) todas las autoridades del país, dentro del ámbito de sus competencias, se encuentran obligadas a velar no sólo por los derechos humanos contenidos en la Constitución Federal, sino también por aquellos contenidos en los instrumentos internacionales celebrados por el Estado Mexicano, adoptando la interpretación más favorable al derecho humano de que se trate, lo que se conoce en la doctrina como principio pro persona; b) actualmente existen dos grandes vertientes dentro del modelo de control de constitucionalidad en el orden jurídico mexicano, que son acordes con el modelo de control de convencionalidad ex officio en materia de derechos humanos: en primer término el control concentrado en los órganos del Poder Judicial de la Federación con vías directas de control (por ejemplo el juicio de amparo) y, en segundo, el control por parte del resto de los juzgadores del país en forma incidental durante los procesos ordinarios en los que son competentes (control difuso), conforme al cual están obligados a preferir los derechos humanos contenidos en la Constitución y en los tratados internacionales, aun a pesar de las disposiciones en contrario que se encuentren en cualquier norma inferior, para lo cual deben inaplicarlas dando preferencia a las contenidas

en el bloque de constitucionalidad de derechos humanos. En ese tenor, si en una demanda de amparo se hace valer como concepto de violación que la autoridad jurisdiccional responsable omitió ejercer el aludido control respecto de una norma general relacionada con la litis natural, aun cuando tal aspecto se le planteó durante el juicio por alguna de las partes; de resultar correcta tal aseveración es innecesario conceder el amparo solicitado para el efecto de que la autoridad ejerza con libertad de jurisdicción sus atribuciones de control a efecto de determinar si es o no procedente inaplicar la norma, pues ello a ningún fin práctico conduce, en virtud de que para salvaguardar el derecho fundamental de acceso a la justicia pronta y expedita previsto en el artículo 17 constitucional, el órgano de amparo por mayoría de razón puede realizar ese ejercicio de control declarando el concepto de violación fundado pero inoperante si la disposición no infringe derechos humanos; o bien, fundado, ordenando en reparación que la autoridad ejerza el control de convencionalidad desaplicando la norma bajo los lineamientos de la ejecutoria.

PRIMER TRIBUNAL COLEGIADO DE CIRCUITO DEL CENTRO AUXILIAR DE LA OCTAVA REGIÓN.

Además, consideró que:

«...como se dijo en el Expediente Varios 912/2010—, todas las normas gozan de una presunción de constitucionalidad que puede ser derrotada, para lo cual, precisamente, se lleva a cabo el control ex officio en tres pasos: interpretación conforme en sentido amplio, interpretación conforme en sentido estricto e inaplicación.

Lo anterior supone —acotó la Corte— que, en este nuevo paradigma, cuando un juez aplica una norma en el ámbito de su competencia, es porque la referida presunción no fue derrotada; es decir, porque no advirtió que la norma violase, en principio, ningún derecho humano contenido en la Constitución Política de los Estados Unidos Mexicanos, ni en los tratados internacionales en los que el Estado Mexicano sea parte.

Razón por la cual tal situación queda resuelta mediante una mención expresa de la autoridad en la que registre que realmente hizo el control, aun cuando no desarrolle toda una justificación en ese sentido y, por ende, si una norma no generó sospechas de invalidez en el juzgador por parecer potencialmente violatoria de derechos humanos, entonces el análisis de constitucionalidad y convencionalidad exhaustivo no se actualiza, porque ni siquiera se considera que se puso en entredicho la presunción de constitucionalidad de que gozan todas las normas jurídicas. En esos casos —concluyó el Alto Tribunal—, bastará con que el juez mencione en una frase expresa que no advirtió que la norma fuese violatoria de derechos humanos».

Para concluir:

«No obstante lo anterior, al ser este órgano de amparo el encargado por antonomasia de realizar ese análisis constitucional, en aras de la justicia pronta, lo que procede es emprender dicho análisis, sin necesidad de devolver el expediente a la Sala para que ejerza el control difuso de constitucionalidad que también le corresponde».

B) A su vez, el Primer Tribunal Colegiado del Trigésimo Circuito, sostuvo que:

«Concretamente la quejosa estima que la Sala responsable sí estuvo en aptitud de dar respuesta al argumento que formuló en su demanda de nulidad respecto a la inaplicabilidad del citado precepto legal, es decir, el que formuló en su demanda en el sentido de que el artículo 51 de la Ley del Instituto de Seguridad y Servicios Sociales de los Trabajadores del Estado, sí establecía las reglas de compatibilidad en tratándose del disfrute de varias pensiones, pero que con la entrada en vigor de la nueva ley del citado Instituto ya no se contemplaba, pues en el artículo 48 de esa norma se dice que las pensiones a que se refiere tal ley son compatibles con el disfrute de otras que se reciban con el carácter de familiar derechohabiente; así, el artículo 12 del citado reglamento "es contrario a derecho porque se limita y restringe un derecho otorgado por ley, violando los principios de subordinación y jerarquía de los reglamentos, por lo que deberá de ser declarado ilegal e igualmente ilegal el oficio o resolución impugnada por basarse en un dispositivo ilegal e inexistente» (foja 18 del juicio de nulidad).

En el presente caso, la actora en el juicio de nulidad no pidió la declaración de inconstitucionalidad del precepto reglamentario en comento, sino que solicitó su inaplicación por resultar contrario a lo que prevé la Norma Suprema y, por ende, ese pronunciamiento no es competencia exclusiva del Poder Judicial de la Federación, sino que corresponde a todas las autoridades, incluida la Sala responsable, de conformidad con lo que dispone el actual artículo 1o. de la Constitución Política de los Estados Unidos Mexicanos.

En consecuencia, se presenta la disyuntiva de avocarse al estudio del precepto que la quejosa tilda de inconstitucional, o bien, atender al reclamo de que la Sala responsable incumplió con el principio de congruencia y exhaustividad, bajo el argumento de que no es competente para pronunciarse sobre cuestiones de constitucionalidad y que ello compete exclusivamente al Poder Judicial de la Federación.

Luego, debe evaluarse cuál de esas alternativas resulta más conveniente a la peticionaria de amparo, pues al decidir cuál es el argumento que debe atenderse preferentemente, es necesario considerar cuál de ellos traería mayor beneficio a la aquí quejosa.

Para concluir que:

«En efecto, tal como aduce la peticionaria de amparo, la Sala responsable sí se encontraba en aptitud de dar respuesta a su planteamiento, pues en el caso, contrariamente a lo que se sostuvo en la sentencia que constituye el acto reclamado (foja 130), aquélla no solicitó que declarara la inconstitucionalidad del artículo 12 del Reglamento para el Otorgamiento de Pensiones de los Trabajadores Sujetos al Régimen del Artículo Décimo Transitorio, sino que en el caso pedía su inaplicación ante la reforma que sufrió la ley de la que deriva el reglamento aludido y, aun cuando lo que la motiva es esencialmente la transgresión a un principio contenido en la Constitución Federal, eso no es motivo suficiente para que la responsable no lleve a cabo su estudio bajo el pretexto de que las cuestiones de inconstitucionalidad están reservadas al Poder Judicial de la Federación».

En consecuencia:

«...como la Sala responsable no procedió en esos términos, transgredió el principio de congruencia contenido en el artículo 50 de la Ley Federal de Procedimiento Contencioso Administrativo, a que se refiere la quejosa en su demanda de amparo (último párrafo de la foja 16).

De acuerdo a lo previsto en tal artículo las sentencias emitidas por la Sala se fundarán en derecho y resolverán sobre la pretensión que la actora deduzca en su demanda, por lo que en el caso la omisión de la responsable de atender a lo que se planteó en la demanda implica la transgresión al principio de congruencia que debe haber en las resoluciones que dicta y amerita la concesión del amparo para reparar tal violación».

Al respecto la Segunda Sala una vez determinada la existencia de la contradicción de tesis resolvió en el sentido de que:

C) Existe coincidencia en cuanto a que todos los tribunales del país tienen el deber de ejercer control difuso de constitucionalidad-convencionalidad de las leyes

Lo anterior se desprende de los dicho por la Corte en el siguiente párrafo:

«Cabe precisar que en las dos sentencias que se analizan se está de acuerdo en que los tribunales del país, no sólo el Tribunal Federal de Justicia Fiscal y Administrativa, tienen el deber de ejercer un control difuso de constitucionalidad, en lo que difieren es en la forma de reparar la violación que se comete cuando la Sala Fiscal omite el análisis de un planteamiento de esa naturaleza expresamente formulado en la demanda de nulidad, pues mientras un Tribunal consideró que ningún sentido práctico tiene devolver jurisdicción a la Sala responsable, el otro, por el contrario, resolvió que debe concederse el amparo para que se dicte una nueva sentencia en la que la autoridad se ocupe de dar respuesta al concepto cuyo análisis omitió».

De lo anterior también se desprende que la diferencia de criterios se refiere en cuanto a los efectos que debe tener la resolución de amparo cuando la autoridad responsable «omite» realizar el control difuso de constitucionalidad-convencionalidad.

D) Determinación del criterio a prevalecer

En este sentido la Sala determinó:

«Debe regir, con el carácter de jurisprudencia, la tesis sustentada por esta Segunda Sala, conforme a la cual la omisión de estudio de los conceptos de nulidad que planteen la inaplicación de una norma por ser contraria al texto constitucional o convencional en materia de derechos humanos, no amerita que en el amparo se obligue a la Sala Fiscal responsable a pronunciar un nuevo fallo en el que se ocupe del análisis de ese tema, debido a que el Poder Judicial de la Federación tiene competencia primigenia respecto del control de constitucionalidad y convencionalidad de normas generales».

Las razones expuesta por la Sala fueron las siguientes.

- De acuerdo a diversa jurisprudencia del Pleno de la Suprema Corte de Justicia y a la reforma al artículo primero de la Constitución de fecha 10 de junio de 2011, es obligación de todas las autoridades del país el ejercer un control difuso de constitucionalidad-convencionalidad, dentro del marco de sus competencias y bajo los límites de las mismas, de conformidad con los diversos criterios jurisprudenciales emitidos por el propio Pleno de la Corte, dentro de los cuales cito los siguientes (se cita el rubro):

  «CONTROL DE CONVENCIONALIDAD EX OFFICIO EN UN MODELO DE CONTROL DIFUSO DE CONSTITUCIONALIDAD». (TA. 10a. Época; Pleno; S.J.F. y su Gaceta; Libro III, Diciembre de 2011, Tomo 1; Pág. 535.)

  «PASOS A SEGUIR EN EL CONTROL DE CONSTITUCIONALIDAD Y CONVENCIONALIDAD EX OFFICIO EN MATERIA DE DERECHOS HUMANOS. PLENO». (VARIOS 912/2010. 14 de julio de 2011.)

- El control difuso que realizan las demás autoridades del país, en el ámbito de su competencia, se ejerce de manera oficiosa, sí y solo sí, encuentran mérito para ello, escudándose en el imperio del cual están investidos para juzgar conforme a la Constitución.

El argumento expuesto este sentido fue que:

«El control ordinario que ejercen estas autoridades en su labor cotidiana, es decir, su competencia específica, se constriñe a dilucidar un conflicto en materia de legalidad, con base en los hechos, argumentaciones jurídicas, pruebas y alegatos propuestos por las partes, dando cumplimiento a los derechos fundamentales de audiencia, legalidad, debido proceso y acceso a la justicia. Es aquí, donde el juzgador ordinario, al aplicar la norma, puede realizar de oficio un contraste entre su contenido y los derechos humanos que reconoce el orden jurídico nacional (es decir, llevar a cabo un control difuso) en ejercicio de una competencia genérica. Esta reflexión que realiza el juez común no forma parte de la disputa entre actor y demandado, es decir, no forma parte de la litis; el control de constitucionalidad y convencionalidad difuso nace de la obligación derivada del criterio interpretativo que la Suprema Corte de Justicia de la Nación realizó sobre el contenido y alcances del artículo 1o. de la Carta Magna».

«Sin embargo, es factible que en el juicio de nulidad el actor formule argumentos en los que solicite al juzgador que ejerza control difuso respecto de una norma determinada».

«En ese caso, al existir un argumento de nulidad expreso, pueden suceder dos posibilidades: una, que el órgano jurisdiccional opine de manera coincidente con el actor y considere que ha lugar a inaplicar la norma y, otra, que no coincida con lo solicitado».

«En este último supuesto, si el tribunal considera que la norma no es contraria a la Constitución o a los tratados internacionales en materia de derechos humanos, **bastará con que mencione en una frase expresa que no advirtió que la norma fuese violatoria de derechos humanos, para que se estime que realizó el control difuso y respetó el principio de exhaustividad que rige el dictado de sus sentencias**; sin que sea necesario que desarrolle toda una justificación jurídica exhaustiva en ese sentido, pues la norma no le generó convicción que pusiera en entredicho la presunción de constitucionalidad de que gozan todas las normas jurídicas de nuestro sistema».

«Esto es, no puede imponerse al tribunal contencioso la obligación de contestar de fondo los argumentos de inconstitucionalidad o inconvencionalidad que le hagan valer en la demanda, ya que tal proceder implicaría que la vía se equipare al control concentrado, desvirtuándose, con ello, la distinción entre los dos modelos de control, que —como antes se explicó— están perfectamente diferenciados en nuestro sistema».

E) Forma de proceder en el amparo

Como conclusión final la Segunda Sala determinó que:

«Cuando se impugna en juicio de amparo directo la sentencia emitida por el Tribunal Federal de Justicia Fiscal y Administrativa y se argumenta, como concepto de violación, que el tribunal responsable dejó de analizar (por omisión absoluta o porque expresó razones para no hacerlo) el concepto de nulidad relativo al ejercicio de control difuso respecto de determinada norma, tal planteamiento es ineficaz, pues aun cuando sea cierto que la Sala responsable cometió la omisión, tal proceder no amerita que se conceda el amparo para que se dicte un nuevo fallo en el que se ocupe de dar respuesta a ese tema, debido a que el Poder Judicial de la Federación tiene competencia primigenia respecto del control de constitucionalidad de normas generales y, por ello, puede abordar su estudio de manera directa al emitir sentencia».

F) Tesis a prevalecer:

«CONTROL DIFUSO. SU EJERCICIO EN EL JUICIO CONTENCIOSO ADMINISTRATIVO. Si bien es cierto que, acorde con los artículos 1o. y 133 de la Constitución Política de los Estados Unidos Mexicanos, las autoridades jurisdiccionales ordinarias, para hacer respetar los derechos humanos establecidos en la propia Constitución y en los tratados internacionales de los que el Estado Mexicano sea parte, pueden inaplicar leyes secundarias, lo que constituye un control difuso de su constitucionalidad y convencionalidad, también lo es que subsiste el control concentrado de constitucionalidad y convencionalidad de leyes, cuya competencia corresponde en exclusiva al Poder Judicial de la Federación, a través del juicio de amparo, las controversias constitucionales y las acciones de inconstitucionalidad.

La diferencia entre ambos medios de control (concentrado y difuso), estriba en que, en el primero, la competencia específica de los órganos del Poder Judicial de la Federación encargados de su ejercicio es precisamente el análisis de constitucionalidad y convencionalidad de leyes, por tanto, la controversia consiste en determinar si la disposición de carácter general impugnada expresamente es o no contraria a la Constitución y a los tratados internacionales, existiendo la obligación de analizar los argumentos que al respecto se aduzcan por las partes; en cambio, en el segundo (control difuso) el tema de inconstitucionalidad o inconvencionalidad no integra la litis, pues ésta se limita a la materia de legalidad y, por ello, el juzgador por razón de su función, prescindiendo de todo argumento de las partes, puede desaplicar la norma. Ahora bien, en el juicio contencioso administrativo, la competencia específica del Tribunal Federal de Justicia Fiscal y Administrativa es en materia de legalidad y, por razón de su función jurisdiccional, este tribunal puede ejercer control difuso; sin embargo, si el actor formula conceptos de nulidad expresos, solicitando al tribunal administrativo el ejercicio del control difuso respecto de determinada norma, de existir coincidencia entre lo expresado en el concepto de nulidad y el criterio del tribunal, éste puede inaplicar la disposición respectiva, expresando las razones jurídicas de su decisión, pero si considera que la norma no tiene méritos para ser inaplicada, bastará con que mencione que no advirtió violación alguna de derechos humanos, para que se estime que realizó el control difuso y respetó el principio de exhaustividad que rige el dictado de sus sentencias, sin que sea necesario que desarrolle una justificación jurídica exhaustiva en ese sentido, dando respuesta a los argumentos del actor, pues además de que el control difuso no forma parte de su litis natural, obligarlo a realizar el estudio respectivo convierte este control en concentrado o directo, y transforma la competencia genérica del tribunal administrativo en competencia específica. Así, si en el juicio de amparo se aduce la omisión de estudio del concepto de nulidad relativo al ejercicio de control difuso del tribunal ordinario, el juzgador debe declarar ineficaces los conceptos de violación respectivos, pues aun cuando sea cierto que la Sala responsable fue omisa, tal proceder no amerita que se conceda el amparo para que se dicte un nuevo fallo en el que se ocupe de dar respuesta a ese tema, debido a que el Poder Judicial de la Federación tiene competencia primigenia respecto del control de constitucionalidad de normas generales y, por ello, puede abordar su estudio al dictar sentencia. Si, además, en la demanda de amparo se aduce como concepto de violación la inconstitucionalidad o inconvencionalidad de la ley, el juzgador sopesará declarar inoperantes los conceptos de violación relacionados con el control difuso y analizar los conceptos de violación enderezados a combatir la constitucionalidad y convencionalidad del precepto en el sistema concentrado».

G) Comentarios

Primero. Estamos de acuerdo en que en principio la cuestión de inconstitucionalidad, no forma parte de la litis «natural» del juicio primigenio. Sin embargo restan dudas en cuanto a si una tutela judicial efectiva implicaría resolver todos los planteamientos de las partes aún y cuando se trate de cuestiones accesorias de posibles inconstitucionalidades.

Segundo. Coincidimos también en que por economía procesal, ante la omisión del tribunal de origen de atender la cuestión de inconstitucionalidad, no debería reenviarse el asunto de nueva cuenta al mismo, pues eso retrasaría la impartición de justicia impactando negativamente en el derecho de acceso a la misma.

Tercero. No obstante lo anterior, pareciera que la Corte «flexibiliza» la obligación de las autoridades derivada del artículo 1 constitucional y de la misma resolución del expediente varios 912/2010, en cuanto a que todas las autoridades, en el ámbito de sus competencias, tienen la obligación de promover, respetar, proteger y garantizar los derechos humanos; lo anterior sin que sea óbice que se trata de un control de convencionalidad *ex officio*, que implica una cierta discrecionalidad del órgano judicial en cuanto a su ejercicio.

Al respecto consideramos que si el tribunal natural considera que no existe motivos para ejercer control de convencionalidad, al menos debe «delinear» las razones mínimas de su criterio, para con ello respetar a cabalidad el derecho de los justiciables a una sentencia motivada.

6.5. Contradicción de tesis 299/2013

Se refiere a la contradicción de tesis entre los criterios sustentados por el Octavo Tribunal Colegiado de Circuito del Centro Auxiliar de la Tercera Región con residencia en Guadalajara, en apoyo del Tribunal Colegiado del Vigésimo Quinto Circuito y el Tribunal Colegiado del Vigésimo Quinto Circuito[287].

Los criterios contradictorios fueron:

A) Criterio del Tribunal Colegiado del Vigésimo Quinto Circuito (amparo directo 210/2013)

> «El asunto resuelto por este tribunal derivó de una causa penal en la que se consideró que los quejosos eran penalmente responsables de diversos delitos; entre ellos, el de contrabando presunto, previsto y sancionado en el artículo 103, fracción II, del Código Fiscal de la Federación. Los quejosos consideraron, en sus conceptos de violación, que dicha norma resultaba inconstitucional, por ser violatoria del principio de presunción de inocencia, en tanto impone al inculpado la carga de demostrar la licitud de su conducta, cuando ello corresponde al Ministerio Público. Asimismo, consideraron que la jurisprudencia emitida por la Primera Sala de la Suprema Corte de Justicia de la Nación, con relación a la norma mencionada, resultaba violatoria de la Constitución Federal, del Pacto de San José y del Pacto Internacional de Derechos Civiles y Políticos».

287. Tesis P./J. 64/2014 (10a). Gaceta del Semanario Judicial de la Federación. Libro 13. Diciembre 2014. Tomo I. Página 8.

El Tribunal Colegiado del Vigésimo Quinto Circuito calificó como **inoperantes** los planteamientos de inconstitucionalidad e inconvencionalidad esgrimidos por los quejosos, bajo las siguientes consideraciones (se añade énfasis):

> «A fin de resolver esos conceptos de violación es necesario precisar que por disposición del artículo 192 de la Ley de Amparo, la jurisprudencia emanada del Pleno o de las Salas de la Suprema Corte de Justicia de la Nación **es de observancia obligatoria para todas las autoridades jurisdiccionales del país**, incluidos los integrantes del Poder Judicial de la Federación.
>
> De tal manera, la existencia de jurisprudencia obligatoria torna inoperantes las inconformidades que abordan aspectos dilucidados en ella, por ser insoslayable y de aplicación inexcusable; dado que al existir jurisprudencia al respecto con su aplicación se da respuesta integral al tema de fondo.
>
> (...)
>
> Las anteriores jurisprudencias son de observancia obligatoria por disposición del artículo 192 de la Ley de Amparo, al surgir de una de las Salas de la Suprema Corte de Justicia de la Nación, en consecuencia son inoperantes los conceptos de violación en que el quejoso sostiene que el artículo 103, fracción II, del Código Fiscal de la Federación y la jurisprudencia 85/2005 de la Primera Sala de la Suprema Corte de Justicia de la Nación atentan contra el principio de presunción de inocencia al arrojar al inculpado la carga de demostrar la licitud de su conducta, esto es, probar su inocencia, cuando corresponde al agente del Ministerio Público demostrar la culpabilidad del acusado.
>
> (...)
>
> **Incluso, al margen de la posibilidad que los jueces nacionales estén facultados para ejercer el control de convencionalidad, ello no les otorga potestad para decidir si una jurisprudencia de la Suprema Corte de Justicia de la Nación transgrede o no una norma convencional.**
>
> Esto, ya que implicaría determinar la superación, interrupción o modificación de un criterio obligatorio en términos del artículo 192 de la Ley de Amparo, cuyo único facultado para interrumpirla o modificarla es el órgano que la creó, por disposición del numeral 194 de esa codificación.
>
> Con ello se desatendería la disposición contenida en el artículo 94, párrafo octavo, de la Constitución Política de los Estados Unidos Mexicanos, en cuanto determina la obligatoriedad de la jurisprudencia de los tribunales del Poder Judicial de la Federación, entre ellos la Suprema Corte de Justicia de la Nación, en los términos de la ley secundaria, en el caso la de Amparo.
>
> Por tanto, a lo más que un órgano de grado inferior estaría en posibilidad es declarar inconvencional un precepto secundario del orden jurídico nacional, no una jurisprudencia para él obligatoria».

B) Criterio del Octavo Tribunal Colegiado de Circuito del Centro Auxiliar de la Tercera Región (amparo directo 122/2013):

Este asunto derivó de una causa penal, resuelta por el Juez Segundo de Distrito en el Estado de Durango; y del tema de apelación, resuelto por el Magistrado del Tribunal Unitario de Vigésimo Quinto Circuito. En ambas resoluciones se determinó que el quejoso era penalmente responsable de la comisión del delito de contrabando presunto, previsto y sancionado por el artículo 103, fracción II, en relación con el 104, fracción I, del Código Fiscal de la Federación.

En la demanda de amparo, el quejoso sostuvo esencialmente que la norma impugnada resultaba violatoria del principio de presunción de inocencia. Tales argumentos fueron calificados como **fundados** por el Tribunal Colegiado, bajo los siguientes razonamientos:

En primer lugar, el Octavo Tribunal Colegiado de Circuito del Centro Auxiliar de la Tercera Región señaló que la sentencia reclamada se dictó el treinta y uno de enero de dos mil trece, es decir, con fecha posterior a la entrada en vigor de la reforma constitucional del artículo 1°, mediante la cual se incorporaron dos modelos de interpretación constitucional, la interpretación conforme y el principio pro persona, así como la obligación de todas las autoridades, dentro del ámbito de sus competencias de promover, respetar, proteger y garantizar los derechos humanos contenidos en tales instrumentos, entre ellos la presunción de inocencia. Así los magistrados integrantes del tribunal procedieron al análisis de la presunción de inocencia en la Constitución Federal, en los siguientes términos (se añade énfasis):

> «En esa medida, la figura de control difuso de la convencionalidad que subyace del artículo constitucional en atención, consiste en el deber de los jueces nacionales, de realizar un examen de compatibilidad entre los actos, normas y **jurisprudencia** nacionales, frente a los instrumentos universales de protección de derechos universales e, incluso, en el caso del Estado mexicano, a la Convención Americana de Derechos Humanos, sus protocolos adicionales, y la jurisprudencia de la Corte Interamericana de Derechos Humanos que interpreta ese corpus iuris interamericano.
>
> (...)
>
> En otras palabras, conforme al citado precepto constitucional, **todos los jueces nacionales, deben examinar si el acto, norma e incluso, la jurisprudencia como fuente formal del derecho derivada de la confirmación, supletoriedad e interpretación de ella, sometido a su conocimiento, respeta cabalmente los derechos fundamentales reconocidos tanto en la Constitución, como en los instrumentos internacionales universales y regionales obligatorios para el Estado mexicano**.
>
> (...)
>
> En ese contexto de consideraciones, es inconcuso que, en el particular, **la jurisprudencia 83/2005 de la Primera Sala de la Suprema Corte de Justicia de la Nación**, que aplicó el Magistrado responsable como sustento en la sentencia reclamada, que confirmó la del Juez de Distrito, analizada bajo los principios actuales y vigentes de interpretación constitucional, previstos en los artículos 1° y 133, **resulta inconvencional**.
>
> Ello es de considerarse así, pues conforme los artículos 192 y 196, fracción II de la Ley de Amparo, este Tribunal Colegiado se encuentra obligado a verificar la aplicabilidad o inaplicabilidad al caso concreto, y precisar, conforme a los lineamientos referidos en líneas que anteceden, si el referido criterio se acoge al mismo;

lo que presupone el examen de su adecuación al asunto que se resuelve; pues las tesis jurisprudenciales emitidas por la Suprema Corte de Justicia de la Nación, son el resultado de la interpretación de normas de la Constitución Política de los Estados Unidos Mexicanos, así como de los tratados internacionales, leyes federales, locales y disposiciones reglamentarias; y al mismo tiempo constituyen normas de carácter positivo obligatorias para los tribunales judiciales o jurisdiccionales.

(...)

Luego, de conformidad con el principio de supremacía constitucional y de los tratados internacionales previsto en los numerales 1° y 133 de la Constitución Federal, no solo debe situarse tal presunción de inocencia por encima de la diversa presunción iuris tantum que prevé la jurisprudencia 83/2005 de la Primera Sala de la Suprema Corte de Justicia de la Nación, sino que además, debe considerarse que la sola presunción iuris tantum de que el inculpado introdujo el vehículo, es insuficiente para desvirtuar tal principio previsto a favor del sentenciado, hoy quejoso.

De manera que, el citado criterio jurisprudencial en el que se interpretan normas de derecho interno (numerales 102, 103, fracción II y 104 del Código Fiscal Federal), visto a la luz de la Constitución vigente, resulta inaplicable para el quejoso, y, consecuentemente, se **considera inconvencional** por contravenir los derechos fundamentales previstos en los artículos señalados.

Lo cual también resulta acorde con el principio pro persona, pues solo a través de la inaplicación al caso concreto de la jurisprudencia en mención, se logra la protección más amplia en favor del revisionista, del derecho fundamental en cuestión».

C) Criterio a prevalecer

Antes de definir el criterio que a juicio de la Corte debe prevalecer, nuestro máximo Tribunal define lo que pudiéramos llamar la pregunta guía de la controversia, la cual plantea de la siguiente manera:

¿La jurisprudencia de la Suprema Corte de Justicia de la Nación puede ser objeto de control de constitucionalidad y/o convencionalidad *ex officio*, a cargo de los jueces nacionales, cuando se detecte que resulta violatoria de algún derecho humano contenido en la Constitución Política de los Estados Unidos Mexicanos o en los tratados internacionales en los que el Estado Mexicano sea parte?

Para llegar a su respuesta ante esta interrogante la Corte plantea dos cuestiones preliminares que a su juicio se deben de esclarecer, y lo hace de la siguiente forma:

a) Previo un análisis del panorama general del modelo de control de convencionalidad-constitucionalidad, posterior a las reformas de junio de 2011, la Corte concluye que:

> «Así las cosas, queda claro que los jueces (y todas las autoridades en general dentro del ámbito de sus competencias) tienen que cumplir con dos tipos de obligaciones concretas: 1) **velar** por los derechos humanos contenidos en la Constitución Federal y en los instrumentos internaciona-

les celebrados por el Estado Mexicano, **adoptando la interpretación más favorable**, siempre que no exista restricción expresa en la Constitución (principio pro persona); y 2) **Preferir** los derechos humanos contenidos en la Constitución y en los tratados internacionales, **aun a pesar de las disposiciones en contrario que se encuentren en cualquier norma inferior**, pudiendo en estos casos dejar de aplicar las normas inferiores dando preferencia a las contenidas en la Constitución y en los tratados en la materia».

b) En un segundo momento, llega a la conclusión de que, no obstante la facultad de los jueces de ejercer un control de convencionalidad-constitucionalidad de normas inferiores, esto no implica que puedan ejercerlo frente a la jurisprudencia de la Suprema Corte de Justicia de la Nación, es palabras de la Corte:

> «En efecto, de acuerdo a lo que se expondrá en párrafos posteriores, los Tribunales Colegiados no están autorizados por ninguna disposición legal para inaplicar la jurisprudencia emitida por la Suprema Corte de Justicia de la Nación, que interprete el precepto legal que se esté analizando en un caso en concreto; pero en su caso sí podrán decidir que la jurisprudencia de este Alto Tribunal no es aplicable, si el Tribunal Colegiado resuelve una pregunta distinta, que no tiene que ver con la interpretación legal que se brindó en esta Máxima Instancia Constitucional, sino que tiene que ver con la constitucionalidad o convencionalidad de ese precepto».

Entre los argumentos expuesto para llegar a esta conclusión sobresale el de la «seguridad jurídica» que fue expresado de la siguiente manera:

> «...conviene explicar por qué los órganos jurisdiccionales obligados a cumplir con la jurisprudencia emitida por este Máximo Tribunal, carecen de atribuciones para reinterpretar su contenido.
>
> En efecto, uno de los derechos fundamentales es precisamente la seguridad jurídica que tutelan los artículos 14 y 16 constitucionales, la cual se haría nugatoria si la obligatoriedad de la jurisprudencia dependiera de lo que en cada caso determinarán los órganos jurisdiccionales que por disposición legal tienen el deber de acatarla, precisamente para que prevalezca el criterio del órgano límite o del órgano termina».

Por todo lo anterior la Corte concluyó:

«Conforme a todo lo anterior, se concluye que la jurisprudencia emitida por este Máximo Tribunal, no puede ser sometida a un control de convencionalidad por cualquier órgano jurisdiccional de menor jerarquía, porque la propia ley prevé mecanismos cuando se estime que la misma no resulta acorde al nuevo modelo de control de regularidad constitucional de derechos humanos surgido a partir de la reforma de diez de junio de dos mil once, para sustituirla, además de enfatizarse que la misma es obligatoria en términos de lo dispuesto en la Constitución Federal, así como en la propia normatividad en cita. Además, porque el admitir que un órgano de menor jerarquía pueda revisar un criterio obligatorio que se dio como resultado de un ejercicio hermenéutico del contenido de una norma que, en el caso concreto, atendía a un derecho humano previsto constitucional y convencionalmente, sería tanto como permitir, se reitera, distorsionar la certeza y la seguridad jurídica que genera la definición del tema vía jurisprudencia del ente dotado de facultades constitucionales para establecer la última palabra».

En las relatadas condiciones, este Tribunal Pleno determina que debe prevalecer, con carácter de jurisprudencia, el criterio que se sustenta a continuación:

JURISPRUDENCIA DE LA SUPREMA CORTE DE JUSTICIA DE LA NACIÓN. NO ES SUSCEPTIBLE DE SOMETERSE A CONTROL DE CONSTITUCIONALIDAD Y/O CONVENCIONALIDAD EX OFFICIO POR ÓRGANOS JURISDICCIONALES DE MENOR JERARQUÍA. La obligación de las autoridades jurisdiccionales contenida en los artículos 1o. y 133 de la Constitución Política de los Estados Unidos Mexicanos, de realizar un control de constitucionalidad y/o convencionalidad ex officio en materia de derechos humanos y dar preferencia a los contenidos en la propia Ley Suprema y en los tratados internacionales, aun a pesar de las disposiciones en contrario contenidas en cualquier norma inferior, no contempla a la jurisprudencia emitida por la Suprema Corte de Justicia de la Nación, porque el artículo 94 constitucional establece que será obligatoria para todos los órganos jurisdiccionales de conformidad con lo que disponga la ley y, en este caso, la Ley de Amparo así lo indica tanto en la abrogada como en el artículo 217 de la vigente; de ahí que no privan las mismas razones que se toman en cuenta para inaplicar una disposición emitida por el legislador cuando viola derechos humanos de fuente constitucional o convencional. Cabe precisar que en los casos en los que se pudiera advertir que una jurisprudencia del Alto Tribunal desatiende o contradice un derecho humano, cualquiera que sea su origen, existen los medios legales para que se subsane ese aspecto. En conclusión, aun partiendo del nuevo modelo de interpretación constitucional, no es posible determinar que la jurisprudencia del Máximo Tribunal del país pueda ser objeto de la decisión de un órgano de menor grado que tienda a inaplicarla, como resultado del ejercicio de control de convencionalidad ex officio, porque permitirlo daría como resultado que perdiera su carácter de obligatoria, ocasionando falta de certeza y seguridad jurídica."

D) Comentarios:

Primero. En efecto, tal y como incontables veces ha señalado la propia Suprema Corte de Justicia de la Nación, a partir de la reforma en materia de derechos humanos del año 2011, todas las autoridades del Estado Mexicano, dentro del marco de sus respectivas competencias tienen la obligación promover, respetar, proteger y garantizar los derechos humanos, así como de ejercer un control de convencionalidad *ex officio* mediante la interpretación normativa conforme a los derechos humanos y atendiendo al principio *pro persona*.

Segundo. En relación a la objeción que plantea la Corte respecto al control de convencionalidad de su jurisprudencia, en virtud de que según algunos de sus argumentos los Tribunales Colegiados «no están autorizados por ninguna disposición legal para inaplicar la jurisprudencia emitida por la Suprema Corte de Justicia de la Nación...», nos parece de poco peso, pues como se ha venido reconociendo tanto por la jurisprudencia, la doctrina y sobre todo las propias ejecutorias de nuestro Máximo Tribunal, el artículo primero de la Constitución (ya interpretado por la Corte de manera sistemática en relación con el artículo 133 y con vistas a la sentencia interamericana del Caso Rosendo Radilla Pacheco contra México), no sólo establece la facultad de ejercer el control de convencionalidad, sino que es una obligación de los propios Tribunales Colegiados, tal como quedo asentado en el comentario anterior.

Ahora bien, el principal argumento para negar la facultad de control de convencionalidad de la jurisprudencia es el hecho de que a juicio de la Corte la jurisprudencia no es una norma, sino un producto interpretativo de algún «enunciado normativo».

En este sentido, el argumento nos parece débil, pues la tesis que conlleva ha sido superada prácticamente de manera unánime por la teoría de la argumentación jurídica, en efecto, por citar un ejemplo, ya desde el año 1980 Giovanni Tarello exponía que:

> «En cualquier caso, en la locución "interpretación de la ley" el vocablo "interpretación" tiene el significado propio del uso ordinario moderno y se refiere por tanto a la atribución de significado a un ente; tal ente, en el caso de la "interpretación de la ley", es siempre un documento o el conjunto de los documentos de que se sabe o se postula, exprese o expresen una así llamada norma jurídica o el conjunto de las normas; la norma jurídica es precisamente el significado que mediante la interpretación resulta atribuido al documento o a una combinación de documentos tales»[288].

De lo anterior se desprende que, todas las normas jurídicas son el resultado del trabajo intelectual del intérprete respecto de documentos normativos de diversa índole, y que precisamente la jurisprudencia es una norma jurídica desde el momento en que, como reconoce la Corte, la misma se constituye como el «producto interpretativo del enunciado normativo».

De esta idea es también el Ministro Jose Ramón Cossío, quien en su voto particular (dentro de la misma resolución que se comenta) estableció que:

> «El primer argumento de la tesis positiva parte de la distinción entre enunciados o disposiciones normativas y normas. Los enunciados normativos son los que acuerda el legislador y expresa en un texto legal. Las normas, por otro lado, son el

---

288. Tarello, Giovanni. «La interpretación de la ley» (*Derecho y Argumentación* n.º 11) (Spanish Edition) (p. 35). Palestra Editores. Edición de Kindle.

significado que está justificado atribuir a tales enunciados normativos —a veces, el significado de un enunciado normativo no supone problema alguno, pero en otros casos es necesario realizar ejercicios elaborados de interpretación para determinar el significado normativo de un enunciado normativo—. Es el significado de tales enunciados lo que tiene un carácter esencialmente normativo, es decir, como razón para actuar conforme a lo prescrito en un enunciado normativo.

Si se tiene en cuenta esta distinción, entonces, en realidad los criterios jurisprudenciales no son otra cosa que normas, porque es precisamente a través de esos criterios jurisprudenciales que se le atribuye un significado a algún enunciado normativo».

Ahora bien, siguiendo el argumento de la falta de fundamentación encontramos que lo que se presenta es más bien una antinomia derivada de lo que establecen dos normas distintas como son la Ley de Amparo y la Constitución.

En efecto, tenemos que la Ley de Amparo que en su artículo 217 establece:

«Artículo 217. La jurisprudencia que establezca la Suprema Corte de Justicia de la Nación será obligatoria para todas las autoridades jurisdiccionales de la Federación y de las entidades federativas, con excepción de la propia Suprema Corte».

Mientras que la Constitución prescribe en los párrafos segundo y tercero del artículo 1 que:

«Las normas relativas a los derechos humanos se interpretarán de conformidad con esta Constitución y con los tratados internacionales de la materia favoreciendo en todo tiempo a las personas la protección más amplia.

Todas las autoridades, en el ámbito de sus competencias, tienen la obligación de promover, respetar, proteger y garantizar los derechos humanos de conformidad con los principios de universalidad, interdependencia, indivisibilidad y progresividad. En consecuencia, el Estado deberá prevenir, investigar, sancionar y reparar las violaciones a los derechos humanos, en los términos que establezca la ley».

De lo anterior, al menos para nosotros se desprende en forma clara que los Tribunales de Amparo estarían en el ámbito de sus competencias obligados a hacer un control de constitucionalidad-convencionalidad *ex officio* de aquellas normas jurídicas que se desprendan de criterios de jurisprudencia, y además realizarlo de conformidad con la Constitución, Tratados Internacionales en materia de Derechos Humanos, favoreciendo en todo tiempo a las personas la protección más amplia.

Lo anterior sin que sea óbice que el párrafo undécimo del artículo 94 establece que la ley determinará los casos en que la Jurisprudencia será obligatoria, pues como en el presente punto estamos hablando de una excepción a la Constitución (concretamente a lo que dispone en el artículo 1), ésta no puede ser delegada por la Constitución hacia el legislador, ya que como establece el párrafo primero del artículo primero: La Constitución no puede suspender ni restringirse sino en los casos y condiciones que la misma establece...

Tercero. Consideramos que la Suprema Corte al establecer el criterio prevaleciente, y con ello interpretar (al menos implícitamente) que la Ley de Amparo está por encima de la Constitución, le concede a la Jurisprudencia que ella misma emite, la categoría de excepción constitucional, es decir, considera que si un Tribunal inferior encuentra alguna tesis de jurisprudencia que a su juicio vulnera un derecho humano, por ningún motivo podrá ejercer control de convencionalidad sobre la misma, ya que por el hecho de ser jurisprudencia emitida por la Corte, está exenta del mismo, es decir, basado en su autoridad, único argumento de peso según nuestra apreciación.

Cuarto. Lo anterior sin soslayar toda la argumentación que la Corte expresa entorno a la necesidad de garantizar la «seguridad jurídica» mediante la fuerza vinculante (a toda costa) de su jurisprudencia. Argumentos que a nuestro juicio no convencen al menos por las siguientes razones:

- Nos parece contradictorio que la Corte desconfíe de los Tribunales de jerarquía menor en cuanto a su prudencia y preparación para ejercer un control de convencionalidad *ex officio* de la jurisprudencia, cuando fue la misma Suprema Corte de Justicia la que en vía de interpretación de los artículos 1 y 133 de la Constitución (después de la reforma de junio de 2011) al tiempo que se pronunció respecto de la vinculatoriedad o no para el Poder Judicial Mexicano de la Sentencia Interamericana en el Caso Rosendo Pacheco vs México, quién estableció que todos los funcionarios públicos y en especial los juzgadores del país tienen la obligación de ejercer un control de constitucionalidad-convencionalidad *ex officio* tanto de leyes como de actos que en el ámbito de sus competencias se les presenten.
- Además, es bien sabido que existen mecanismos para efectos de que la Corte como órgano de cierre que es en el sistema judicial mexicano, resuelva en última instancia cualquier controversia que considere de trascendencia e importancia, incluso después de que algún Tribunal haya propuesto el control de convencionalidad de alguna tesis de jurisprudencia de la propia Corte.

Quinto. Por todo lo anterior, consideramos que la resolución de la presente controversia es un clásico ejemplo de ejercicio de un mecanismo de auto-restricción judicial, en el que más que auto-restringirse, restringe las posibilidades de los jueces inferiores de ejercer control de convencionalidad más allá de los límites que el propio Tribunal Suprema impone, razón por la cual consideramos que a diez años de cristalizada la reforma constitucional en materia de Derechos Humanos, parece que la implementación material va un poco lenta, a «cuenta gotas» y la llave la controla en forma exclusiva la Suprema Corte de Justica, por ello consideramos que el criterio si termina siendo un ejemplo de auto-restricción judicial, porque garantiza un control vertical incluso del propio control de constitucionalidad-convencionalidad.

En conclusión, si la Corte verdaderamente estuviera comprometida con los Derechos Humanos hubiera podido fallar en forma diferente y sin vulnerar gravemente la seguridad jurídica que también es un valor a considerar, pero para nosotros la vía podía haber sido la siguiente:

Reconocer la posibilidad de que se ejerza control de constitucionalidad-convencionalidad pero limitándose al menos a lo siguiente:

- Que únicamente los Tribunales Colegiados de Circuito estuvieran en aptitud de llevarlo a cabo; y
- Limitado a todas aquellas tesis de jurisprudencia anteriores a la décima época del Semanario Judicial de la Federación.

6.6. Algunos principios relevantes derivados de criterios jurisprudenciales en materia de control de constitucionalidad- convencionalidad

A) Principio de presunción de constitucionalidad de la Ley

Atendiendo a este principio encontramos que los Tribunales deben guardar prudencia debida antes de decidir realizar el control de constitucionalidad-convencionalidad de una ley cuando este se realiza de forma *ex officio*.

Esto es así porqué, si bien a partir de la reforma constitucional de 2011 y de la resolución en el Expediente varios 912/2010 de la Suprema Corte de Justicia de la Nación, todos los Tribunales del país tienen el deber de realizar dicho control, lo cierto es que esto no implica la necesidad de pasar por el tamiz de la constitucionalidad y convencionalidad todas las leyes que les presenten en las controversias sujetas a su resolución.

Lo anterior se desprende al menos de las siguientes tesis de jurisprudencia:

> CONTROL DE CONSTITUCIONALIDAD Y CONVENCIONALIDAD EX OFFICIO. CONDICIONES GENERALES PARA SU EJERCICIO.
>
> La autoridad judicial, para ejercer el control ex officio en los términos establecidos en el expediente Varios 912/2010 de la Suprema Corte de Justicia de la Nación, debe asegurarse que se ha actualizado la necesidad de hacer ese tipo de control, es decir, en cada caso debe determinar si resulta indispensable hacer una interpretación conforme en sentido amplio, una en sentido estricto o una inaplicación, lo cual ocurre cuando se está en presencia de una norma que resulta sospechosa o dudosa de cara a los parámetros de control de los derechos humanos. De este modo, cuando una norma no genera sospechas de invalidez para el juzgador, por no parecer potencialmente violatoria de derechos humanos, entonces no se hace necesario un análisis de constitucionalidad y convencionalidad exhaustivo, porque la presunción de constitucionalidad de que gozan todas las normas jurídicas no se ha puesto siquiera en entredicho. Lo anterior es así, porque como se señaló en el citado expediente Varios, las normas no pierden su presunción de constitucionali-

> dad sino hasta que el resultado del control así lo refleje, lo que implica que las normas que son controladas puedan incluso salvar su presunción de constitucionalidad mediante la interpretación conforme en sentido amplio, o en sentido estricto[289].

Como se ha dicho, en caso de que un Tribunal decida ejercer control de constitucionalidad-convencionalidad en forma *ex officio,* sobre una ley, tendrá el deber de precisar las razones que lo llevaron a abandonar el principio de presunción de constitucionalidad de la misma. Lo anterior conforme al siguiente criterio aislado:

> CONTROL DE CONVENCIONALIDAD EX OFFICIO. LAS AUTORIDADES JUDICIALES, PREVIO A LA INAPLICACIÓN DE LA NORMA EN ESTUDIO, DEBEN JUSTIFICAR RAZONADAMENTE POR QUÉ SE DESTRUYÓ SU PRESUNCIÓN DE CONSTITUCIONALIDAD.
>
> Para que las autoridades den cumplimiento a la obligación contenida en el artículo 1o. de la Constitución Política de los Estados Unidos Mexicanos, en caso de considerar una norma contraria a los derechos humanos, deberán actuar en aras de proteger el derecho que se estime vulnerado y, en todo caso, realizar un control ex officio del que puede resultar, como última opción, la inaplicación de una norma al estimarla incompatible con los derechos humanos. No obstante, el nuevo paradigma constitucional a que se refiere el precepto citado no destruye la presunción de constitucionalidad de las normas que conforman el sistema jurídico mexicano, por lo cual, debe agotarse cada uno de los pasos del control ex officio, con la finalidad de verificar si la norma es acorde con los derechos humanos, ya sea de los reconocidos por la Constitución Federal o por los tratados internacionales de los que el Estado Mexicano es parte. Lo anterior implica que las autoridades judiciales, previo a la inaplicación de la norma en estudio, deben justificar razonadamente por qué se derrotó la presunción de su constitucionalidad[290].

Visto lo anterior, podemos concluir que el principio de respeto razonable a la presunción de constitucionalidad de la ley como un deber de los juzgadores, constituye una herramienta de auto-restricción judicial en manos de todos los jueces del país.

B) El control de constitucionalidad-convencionalidad de las normas, constituye un deber principal y no subsidiario de los juzgadores, dentro del sistema jurídico nacional

En efecto, desde la publicación de la resolución de nuestro máximo órgano jurisdiccional en el expediente varios 912/210, quedó suficientemente claro que el control de constitucionalidad-convencionalidad se debe ejercer por todos los juzgadores mexicanos, cuando encuentren que una norma les

---

289. Tesis 1.ª/J. 4/2016 (10.ª). Semanario Judicial de la Federación. Libro 27, Febrero 2016, Tomo I, Página 430.

290. Tesis: 1.ª XXII/2016 (10.ª). Gaceta del Semanario Judicial de la Federación. Libro 27, Febrero de 2016, Tomo I, página 667.

genere sospechas de violentar un derecho humano, y esta obligación es de carácter principal y no subsidiario, tal y como la Primera Sala de la Corte ha tenido la oportunidad de establecerlo en la siguiente tesis de jurisprudencia:

> CONTROL DE CONSTITUCIONALIDAD Y CONVENCIONALIDAD EX OFFICIO. NO ES UNA CUESTIÓN DE SUBSIDIARIEDAD, POR LO QUE DEBE LLEVARSE A CABO AUN CUANDO EL DERECHO HUMANO DE QUE SE TRATE ESTÉ CONTENIDO EN LA CONSTITUCIÓN FEDERAL.
>
> La obligación de ejercer el control ex officio de constitucionalidad y convencionalidad de una norma se actualiza aun en aquellos casos en los que el derecho humano de que se trate esté regulado en la propia Constitución Federal. Lo anterior, porque el Tribunal Pleno, al resolver el expediente Varios 912/2010, no hizo esa acotación, ni determinó que el control ex officio fuera una cuestión de subsidiariedad, sino que más bien recalcó que los jueces y todas las autoridades del país estaban obligados a velar por los derechos humanos y que esa vigilancia se traducía, en el caso de los juzgadores, en un problema interpretativo; para ello, se requiere que lleven a cabo efectivamente ese control en aquellos casos en los que la norma que se va a aplicar despierte sospechas para la autoridad aplicadora o sea señalada por el interesado como violatoria de derechos en el juicio de amparo; en esos supuestos, deberá además llevar a cabo el ejercicio en los tres pasos que indica el expediente Varios 912/2010: interpretación conforme en sentido amplio, interpretación conforme en sentido estricto y, en su caso, inaplicación[291].

C) El Principio de interpretación *pro persona*, como criterio de determinación de la norma aplicable en materia de derechos humanos reconocidos tanto en sede nacional como internacional

Los Tribunales Colegiados de Circuito han determinado en su jurisprudencia que cuando un derecho humano este reconocido tanto en la Constitución como en un Tratado Internacional, el intérprete constitucional deberá aplicar la norma que mayor favorezca al derecho humano de que se trate.

Lo anterior conforme a la siguiente tesis:

> CONTROL DIFUSO DE CONVENCIONALIDAD EX OFFICIO. CUANDO UN DERECHO HUMANO ESTÉ RECONOCIDO EN NORMAS DE ÁMBITOS DISTINTOS, UNO NACIONAL Y OTRO INTERNACIONAL, EL JUEZ NO DEBE EJERCERLO EN TODOS LOS CASOS PARA RESOLVER UN CASO CONCRETO, SINO REALIZAR UN EJERCICIO PREVIO DE PONDERACIÓN ENTRE AMBAS PARA VERIFICAR CUÁL DE ELLAS CONCEDE UNA MAYOR EFICACIA PROTECTORA A LA PERSONA.
>
> La reforma constitucional de 10 de junio de 2011 incorporó al régimen de derecho del país tres elementos nuevos para expandir la cobertura protectora de las herramientas jurídicas a disposición de los ciudadanos en materia de derechos humanos: 1. La obligación de todas las autoridades de proteger no sólo los dere-

291. Tesis: 1.ª/J. 38/2015 (10). Gaceta del Semanario Judicial de la Federación. Libro 18, Mayo 2015, Tomo I, Página 186.

chos reconocidos en la Constitución Política de los Estados Unidos Mexicanos, sino también en los tratados internacionales de los que el Estado Mexicano sea parte; 2. La interpretación conforme a la Constitución para favorecer en todo tiempo la protección más amplia y, 3. La obligación de proteger y garantizar esos derechos de acuerdo con los principios rectores en la materia; de ahí que el punto toral de dicha reforma fue maximizar la protección de los derechos humanos con independencia del tipo de legislación donde se consagren. En ese contexto, cuando un derecho humano esté reconocido en normas de ámbitos distintos -uno nacional y otro internacional- no debe acudirse en todos los casos al derecho externo para resolver un caso concreto, en desmedro del sistema normativo interno; más bien, como requisito previo, el Juez debe realizar un ejercicio de ponderación entre ambas normativas para verificar cuál de ellas otorga una mayor eficacia protectora a la persona, pues sólo cuando la protección internacional es mayor o más eficaz que la nacional, debe ejercerse el control difuso de convencionalidad ex officio como parámetro de solución[292].

D) Como consecuencia de que el control de constitucionalidad-convencionalidad es implícito, los juzgadores no están obligados a pronunciarse o emitir consideraciones en sus sentencias respecto de su ejercicio

En efecto, existen tesis aisladas de Tribunales que consideran innecesario cualquier pronunciamiento por parte de los juzgadores en cuando al ejercicio de control de constitucionalidad-convencionalidad, por considerar que el mismo está implícito en la sentencia, y si no se ejerció es porqué el Tribunal no encontró suficientes elementos para sospechar de la inconstitucionalidad de la norma aplicable.

Así reza la siguiente tesis aislada:

CONTROL DE CONVENCIONALIDAD EX OFFICIO. ES INNECESARIO QUE EL JUZGADOR ORDINARIO O CONSTITUCIONAL, AL DICTAR SUS SENTENCIAS, REALICE CONSIDERACIONES DEL PORQUÉ CONSIDERA QUE LAS HIPÓTESIS LEGALES QUE SIRVEN DE FUNDAMENTO AL CASO QUE RESUELVE NO SON INCONVENCIONALES, PUES SU EJERCICIO ES IMPLÍCITO.

El artículo 1o. de la Constitución Política de los Estados Unidos Mexicanos establece que corresponde a todas las autoridades jurisdiccionales del país el control de convencionalidad ex officio en materia de derechos humanos, de las disposiciones jurídicas que apliquen en sus decisiones, lo que se traduce en el deber de examinarlas e interpretarlas conforme a los derechos humanos reconocidos tanto en la Constitución como en los tratados internacionales suscritos por el Estado Mexicano, adoptando siempre la interpretación más favorable a las personas y, en caso de ser contrarias a dichos paradigmas, siempre que no exista la posibilidad de realizar una interpretación conforme, inaplicarlas. No obstante lo anterior, en el dictado de las sentencias es innecesario que el juzgador ordinario o constitucional

292. Tesis: (III Región) 5.° J/10 (10.ª). Gaceta del Semanario Judicial de la Federación. Libro 4, Marzo de 2014, Tomo II, página 1358

realice consideraciones del porqué considera que las hipótesis legales que sirven de fundamento al caso que resuelve no son inconvencionales, pues el ejercicio del control de convencionalidad ex officio, es implícito, por lo que sólo en aquellos casos en donde se estime que hay transgresión de derechos humanos, debe razonar y explicar por qué, si no es posible realizar una interpretación conforme, se aparta del texto de la norma. Correlativamente, se tiene que tal potestad no implica un derecho de las partes para exigir que se verifique un control de convencionalidad, que equivaldría a un control concentrado de constitucionalidad o convencionalidad, lo cual excede y supera el control difuso, que es la esencia del de convencionalidad y que difieren en cuanto a que en el primero se analiza el precepto legal en forma abstracta, y ello corresponde exclusivamente a los órganos del Poder Judicial de la Federación (control concentrado) y, en el segundo (control difuso), el análisis se realiza sobre los hechos concretos del caso y la norma que resulta aplicable[293].

E) Limite a las restricciones constitucionales de los Derechos Humanos, en atención al principio de interpretación *pro persona*

La Segunda Sala de la Suprema Corte tuvo la oportunidad de "precisar" los alcances de las restricciones constitucionales frente a Derechos Humanos, y concluyó que los Tribunales mexicanos, y en forma especial la Suprema Corte de Justicia, tiene la facultad por vía de interpretación, de establecer límites a aquellas restricciones constitucionales de Derechos Humanos, cuando considere en el caso concreto y después de un ejercicio de ponderación que se debe buscar la protección más amplia de la persona.

Así lo expresa en la siguiente tesis de jurisprudencia:

RESTRICCIONES CONSTITUCIONALES AL GOCE Y EJERCICIO DE LOS DERECHOS Y LIBERTADES. SU CONTENIDO NO IMPIDE QUE LA SUPREMA CORTE DE JUSTICIA DE LA NACIÓN LAS INTERPRETE DE LA MANERA MÁS FAVORABLE A LAS PERSONAS, EN TÉRMINOS DE LOS PROPIOS POSTULADOS CONSTITUCIONALES.

Conforme a lo resuelto por el Pleno de la Suprema Corte de Justicia de la Nación en la contradicción de tesis 293/2011, las restricciones constitucionales al goce y ejercicio de los derechos y libertades prevalecen sobre la norma convencional, sin dar lugar a emprender algún juicio de ponderación posterior; sin embargo, nada impide que el intérprete constitucional, principalmente la Suprema Corte de Justicia de la Nación, al hacer prevalecer una restricción o limitación constitucional, también practique un examen de interpretación más favorable en la propia disposición suprema, delimitando sus alcances de forma interrelacionada con el resto de las disposiciones del mismo texto constitucional. En efecto, no porque el texto de la Constitución Política de los Estados Unidos Mexicanos deba prevalecer, su aplicación ha de realizarse de manera indiscriminada, lejos de ello, el compromiso

293. Tesis: 1.4.° A.30 K (10.ª). Semanario Judicial de la Federación y su Gaceta. Libro XXV, Octubre 2013, Tomo 3, página 1753.

derivado de lo resuelto en la aludida contradicción de tesis privilegia un ejercicio hermenéutico que lleve al operador jurídico competente a que, sin vaciar de contenido la disposición restrictiva, ésta sea leída de la forma más favorable posible, como producto de una interpretación sistemática de todos sus postulados[294].

F) El control de regularidad constitucional *ex officio* que realizan los Tribunales de Amparo, debe versar tanto sobre leyes del procedimiento como sobre leyes que regulan el contenido sustantivo de la controversia

El pleno de la Suprema Corte de Justicia, al resolver la contradicción de tesis 351/2014, fijo el siguiente precedente jurisprudencial:

> CONTROL DE REGULARIDAD CONSTITUCIONAL. CONTENIDO Y ALCANCE DEL DEBER DE LOS ÓRGANOS JURISDICCIONALES DEL PODER JUDICIAL DE LA FEDERACIÓN DE REALIZARLO AL CONOCER JUICIOS DE AMPARO DIRECTO E INDIRECTO [ABANDONO DE LAS TESIS AISLADAS P. IX/2015 (10a.) Y P. X/2015 (10a.)].
>
> Hechos: Diversos Tribunales Colegiados de Circuito discreparon en torno al alcance del control de regularidad constitucional ex officio en el juicio de amparo, respecto a si debe limitarse a las leyes procesales que rigen el juicio de amparo (Ley de Amparo, Ley Orgánica del Poder Judicial de la Federación y Código Federal de Procedimientos Civiles) o debe incluir, también, las normas procesales y sustantivas aplicadas en el acto reclamado.
>
> Criterio jurídico: Los órganos jurisdiccionales del Poder Judicial de la Federación cuando actúan en amparo directo e indirecto deben realizar control de regularidad constitucional ex officio, tanto respecto de las disposiciones procesales que regulan el juicio de amparo, como sobre las normas sustantivas y procesales que se aplicaron en el acto reclamado.
>
> Justificación: Conforme a lo dispuesto en los artículos 1o., 103 y 133 de la Constitución General, así como a lo resuelto por el Tribunal Pleno de la Suprema Corte de Justicia de la Nación al resolver el expediente varios 912/2010, el control de regularidad constitucional debe realizarse por los Juzgados de Distrito y los Tribunales Colegiados de Circuito, en el ámbito de sus competencias y procedimientos. Así, de una nueva reflexión, este Tribunal Pleno considera necesario abandonar el criterio reflejado en las tesis aisladas P. IX/2015 (10a.) y P. X/2015 (10a.), de títulos y subtítulos: «CONTROL DE REGULARIDAD CONSTITUCIONAL EX OFFICIO. LOS TRIBUNALES COLEGIADOS DE CIRCUITO DEBEN EJERCERLO SÓLO EN EL ÁMBITO DE SU COMPETENCIA». y «CONTROL DE REGULARIDAD CONSTITUCIONAL EX OFFICIO. LOS TRIBUNALES COLEGIADOS DE CIRCUITO NO ESTÁN FACULTADOS PARA EJERCERLO RESPECTO DE NORMAS QUE RIGEN EL JUICIO DE ORIGEN»., porque dichos órganos jurisdiccionales, para dar cumplimiento al mandato constitucional de proteger, respetar y prevenir violaciones a los derechos humanos previsto en el artículo 1o. constitucional, deben realizar control ex

294. Tesis: 2./J. 163/2017 (10.ª). Semanario Judicial de la Federación. Libro 49, Diciembre de 2017, Tomo I, página 487.

officio tanto sobre las disposiciones procesales que regulan el juicio de amparo, directo e indirecto (Ley de Amparo, Ley Orgánica del Poder Judicial de la Federación y Código Federal de Procedimientos Civiles, supletorio de la Ley de Amparo), como sobre cualesquiera disposiciones aplicadas en los actos reclamados cuya constitucionalidad revisan en el juicio constitucional. Lo anterior, porque se estima que el ejercicio de ese control es necesario para proteger los derechos humanos reconocidos constitucionalmente; es compatible con razones de seguridad jurídica porque no interfiere con el funcionamiento de instituciones como la preclusión o la cosa juzgada; y armoniza con el funcionamiento del sistema, ya que respeta el régimen federal y la distribución de competencias entre los órganos jurisdiccionales; en el entendido de que el resultado de ese control se limita a la inaplicación de normas generales en el acto concreto de aplicación sin generar efectos futuros y de que, cuando ese control lo realice el Tribunal Colegiado de Circuito, tanto en amparo directo como indirecto en revisión, con fundamento en los artículos 64, párrafo segundo, y 73, párrafo segundo, de la Ley de Amparo, aplicables por identidad de razón, y con la finalidad de permitir a las partes conocer la realización del control de regularidad constitucional ex officio, éste deberá publicar previamente el proyecto de sentencia y dar vista a las partes, para que tengan la oportunidad de exponer lo que a su derecho convenga[295].

295. Tesis: P./J. 2/2022 (11.ª). Semanario Judicial de la Federación. Publicada el 11 de febrero de 2022.

CONCLUSIONES

Primera. Con la aparición del Estado moderno después de las grandes revoluciones de finales del siglo XVIII y principios del XIX, nace también un constitucionalismo basado ideológicamente en los principios de soberanía popular y limitación del poder estatal frente a todos los particulares; no obstante, ese nuevo constitucionalismo sólo dio verdaderos resultados mediante el principio de la garantía, en especial a través de los tribunales de control constitucional que mediante diversos procesos fueron gestando lo que hoy reconocemos como justicia constitucional o derecho procesal constitucional; a la par, y sobre todo después de la experiencia de la Segunda Guerra Mundial el constitucionalismo sufre una mutación importante desde el punto de vista material, pues los valores liberales e individualistas que lo venían informando, se ven adicionados por exigencias de justicia social, de derechos de minorías y grupos vulnerables, basados en el valor de la dignidad humana. Esto desde luego impacta en el comportamiento de los tribunales, pues cada vez es mayor la incidencia de estos en ámbitos que venían siendo restringidos a la representación política del parlamento, y en la actualidad existen fuertes tendencias a que los tribunales constitucionales dicten sentencias de gran trascendencia política y/o económica, a veces protegiendo a minorías aún en contra del sentir e intereses de mayorías políticas, esto plantea el problema de reflexionar sobre la existencia o no de límites para los mencionados tribunales constitucionales o cortes supremas, o en su caso, preguntarse sí sólo se cuenta con un principio de «auto-restricción» que se deja a la voluntad de los integrantes de dichos cuerpos judiciales.

Segunda. El constitucionalismo moderno, es producto de la tensión entre dos tradiciones que convergen de una manera dialéctica, pues por un lado se encuentra la tradición norteamericana que concibe la Constitución como una «ley», una norma más dentro del sistema jurídico que debe cumplirse de manera eficaz mediante las sentencias de los tribunales, es decir, es una norma especial por su naturaleza fundamental, pero una norma en fin, es decir, litigable ante los tribunales. Por otro lado la tradición Europea enfatiza en el aspecto programático de la Constitución, tal vez por su influencia Roussoniana, trasciende su papel como Código Político, en el que se plasman los valores y aspiraciones esenciales de la Sociedad de un Estado.

Tercera. Precisamente por esa relación dialógica moderna, es que hoy en día el constitucionalismo reviste unas características mínimas sin precedentes, las cuales se expresan así: 1) la concepción de Constitución como una norma de eficacia directa integrada por reglas, principios y valores; 2) el papel preponderante de los jueces como intérpretes últimos de la misma; y 3) los métodos de interpretación constitucional ligados a la ponderación y razonabilidad, de las decisiones sobre todo en los llamados «casos difíciles». Lo que a nuestro juicio constituyen un caldo de cultivo excelente para que se propicie el fenómeno conocido como activismo judicial.

Cuarta. El tema del activismo nos lleva a reconducir la atención en buena medida al problema de los métodos de interpretación que actualmente son aceptados, sobre todo al método evolutivo, que viene a ser una opción francamente contraria a la idea de un textualismo u originalismo de la Constitución y que tiene como base la idea de una Constitución viviente.

En efecto, está idea de *living constitutión* viene a plantear la posibilidad de entender la Constitución según las necesidades del momento en que se plantee la duda, esto a través de la interpretación hecha por los tribunales, lo que desde luego no implica un activismo, pues somos de la idea de que el activismo no se da sólo por utilizar tal o cual método de interpretación, así como no se deriva de los méritos de las resoluciones. El activismo surge más de posiciones políticas e institucionales, que vulneran a nuestro entender el equilibrio constitucional entre poderes, por ello creemos que en materia de reconocimiento y protección de derechos fundamentales es difícil hablar de activismo, sin embargo, en materia de conflictos entre órganos políticos sería más común que se presentara, lo anterior sin desconocer que pueden darse casos en los que decisiones entendidas como activistas por una mayoría de críticos, estén directamente vinculadas con derechos fundamentales.

Quinta. No obstante que, la auto-restricción judicial no tienen una definición clara en la teoría jurídica, si cuenta al menos con un contexto jurídico, político y social, que nos remite a la necesidad de los juzgadores de resolver con la prudencia debida las cuestiones que se les plantean, o en su caso dilatar o evadir las mismas. Todo ello partiendo de la base de que los jueces deben ser conscientes al menos de tres aspectos importantes a saber: 1) El reconocimiento de que, como sujetos en sociedad, cuentan con parámetros propios de moralidad e ideología política que en la medida de lo posible deben evitar que estos influyan en el sentido de sus resoluciones, por el contrario, una actitud positiva implica la búsqueda de los parámetros generales de moralidad y legitimación política de la sociedad; 2) La pasividad necesaria para evitar la vulneración del diseño constitucional, sobre todo por lo que toca a la división de poderes y el sistema de pesos y contrapesos, pues los excesos en sus resoluciones pueden producir grandes peligros para el equilibrio político-constitucional e incluso para su propia independencia y legitimación como parte del propio sistema constitucional; 3) También deben ser conscientes de los efectos políticos y sociales de sus resoluciones, más allá del impacto inmediato entre las partes el litigio, lo que implica actuar con la prudencia debida sobre todo cuando se plantean «casos difíciles».

Sexta. Para efectos de poner en práctica la auto-restricción judicial, se han venido instrumentando técnicas de auto-restricción tanto sustantivas como procedimentales, las primeras implican criterios de autolimitación, sobre todo para conocer sobre diversas cuestiones, y las segundas restricción formales, ya sea en la ley o en criterios jurisprudenciales que impidan a las Cortes y Tribunales el conocimiento o resolución determinados asuntos, o impliquen la facultad de las mismas para hacer una selección de los casos que por sus trascendencia consideren importante conocer y en su caso, resolver.

Séptima. No obstante lo anterior, todo juez debe tener presente que, si bien la auto-restricción puede ser una práctica sana en el contexto del equilibrio constitucional, cuando se encuentre frente a problemas relacionados con el reconocimiento y respeto de derecho fundamentales, o cuestiones que vulneren el principio de dignidad humana, se hace imperativo una acción decidida, y tal vez en parte activista, para la defensa de los mismos.

Octava. Con las reformas a la Constitución de 06 y 10 de junio de 2011, así como la recepción interna de las Sentencias de la Corte Interamericana de Derechos Humanos, se da inicio a un nuevo paradigma constitucional en México, especialmente por lo que respecta al control difuso de constitucionalidad-convencionalidad, mismo que al abrir la posibilidad de que todos los juzgadores del país inapliquen leyes por violaciones a la Constitución y especialmente a los Derechos Humanos, consideramos que en principio es un excelente caldo de cultivo para el fenómeno del activismo judicial, no obstante lo anterior, analizando los criterios judiciales que se han venido presentando respecto al tema, podemos concluir que la Suprema Corte de Justicia de la Nación ha sentado criterios de auto-restricción, y sobre todo de restricción hacia los tribunales inferiores, que hacen que este nuevo paradigma, "camine" lentamente, ya que a nuestro entender la Corte a través de sus criterios se ha venido erigiendo como "dosificador" de una reforma que se aplica a "cuenta gotas" y en cierto sentido en forma discrecional.

FUENTES DE INFORMACIÓN

A) Bibliohemerográficas

ALEGRE, Marcelo, *Igualitarismo, democracia y activismo judicial,* consultable en: www.palermo.edu/derecho/pdf/publicaciones/salegre.pdf.

ALEXY, Robert, *Derecho y Razón Práctica*, Distribuciones Fontamara, S.A., Tercera reimpresión 2006.

ARAGÓN, Manuel, *Constitución, democracia y control*, Universidad Nacional Autónoma de México, México, 2002.

BACHOF, Otto, *¿Normas constitucionales inconstitucionales?*, Tr. Leornardo Álvarez Álvarez, Palestra Editores, Lima, 2008.

BALTAZAR ROBLES, Germán E., *Controversia Constitucional y Acción de Inconstitucionalidad*, Ángel Editor, México, 2002.

BETEGÓN, Jeronimo, *et al.*, *Lecciones de Teoría del Derecho*, McGraw Hill Interamericana de España, S.A.U, España, 1998.

BIKEL, Alexander M., *The Least Dangerous Branch*, Yale University Press, Second Edition, 1986.

BOBBIO, Norberto, *El futuro de la democracia*, Fondo de Cultura Económica, México, Tercera edición, 2001.

BORJA, Rodrigo, en *Enciclopedia de la Política*, consultable en http://www.enciclopediadelapolitica.org/Defaul.

BREWER-CARÍAS, Allan R., *La justicia constitucional (Procesos y Procedimientos constitucionales)*, Editorial Porrúa, México, 2007.

BURGOA O, Ignacio, *El Juicio de Amparo*, Editorial Porrúa, México, Trigésima edición actualizada, 1998.

BUSTILLO MARÍN, Roselia, *Juicio para la protección de los derechos político-electorales del ciudadano*, Editorial, UBIJUS, México, 2016.

BLANCAS BUSTAMANTE, Carlos, *La cláusula de Estado social en la Constitución. Análisis de los Derechos Fundamentales laborales*, Pontificia Universidad Católica del Perú, 2011.

Cabrales Lucio, José Miguel, *El principio de interpretación conforme en la Justicia Constitucional*, Editorial Porrúa, México, 2015.

Cappelleti, Mauro, *La Justicia Constitucional*, en «Obras», de Editorial Porrúa, tr. Luis Dorantes Tamayo, México, 2007.

Carbonell, Miguel y **Ferrer Mac-Gregor, Eduardo**, *Los Derechos Sociales y su Justiciabilidad Directa*, Flores Editor y Distribuidor, S.A. de C.V., México, 2014.

Carbonell, Miguel:

- *Los guardianes de las promesas. Poder Judicial y democracia en México.* En Revista Iberoamericana de Derecho Procesal Constitucional, No. 2, Julio-Diciembre 2004, Editorial Porrúa, México.

- *Derechos fundamentales y activismo judicial en América Latina,* en la Obra: Derecho Constitucional de los Derechos Humanos, Editorial Porrúa y Escuela Libre de Derecho, México, 2014.

Cárdenas Gracia, Jaime F.:

- *Impulso al nuevo federalismo mexicano*, Asociación Mexicana de Egresados del INAP de España, A.C. Querétaro, Qro. México, 1996.

- *La argumentación como derecho*, UNAM, México, 2007.

Cardozo Benjamin N., *La Naturaleza de la Función Judicial*, Tr. Eduardo Ponssa, Ediciones ARAYÚ, Buenos Aires, 1955.

Carmona Tinoco, Jorge Ulises, *Algunos aspectos sobresalientes de la interpretación judicial constitucional*, en «Interpretación constitucional», (**Eduardo Ferrer Mc. Gregor**, Coordinador) Tomo I, Editorial Porrúa, S.A. de C.V., México, 2005.

Castro Juventino, V., *El artículo 105 Constitucional*, Ed. Porrúa, Tercera Edición, México, 2000.

Comanducci, Paolo, *Modelos e Interpretación de la Constitución*, en «Teoría de la Constitución, ensayos escogidos» (**Miguel Carbonell**, Compilador), Editorial Porrúa, S.A. de C.V., Segunda edición, México, 2002.

Corwin, Edward S., *COURT OVER CONSTITUTION A study of Judicial Review as an Instrument of Popular Government*, Gloucester, Mass., Peter Smith, 1957.

Cossío, José Ramón:

- *Dogmática constitucional y Régimen autoritario*, Distribuciones Fontamara, S.A., México, 1998.

- *Constitucionalismo y globalización,* en «Estado Constitucional y Globalización», **Miguel Carbonell** y **Rodolfo Vazquez** (Compiladores), Porrúa, México, Segunda edición, 2003.

Couso, Javier, «Consolidación democrática y Poder Judicial: los riesgos de la judicialización de la política», *Revista de Ciencia Política*, Volumen XXIV, No. 2, Santiago de Chile, 2004, 29-48.

De la Borbolla, Oscar, *Manual de creación literaria*, Editorial Nueva Imagen, México, D.F., 2002.

Dehesa Davila, Gerardo, *Introducción a la Retórica y la Argumentación*, Suprema Corte de Justicia de la Nación, México, 2004.

Del Castillo del Valle, Alberto:

- *Garantías del Goberando*, México, Ediciones jurídicas Alma S.A., 2003.

- *Derecho Procesal Electoral Mexicano*, CENUA, Segunda Edición, México, 2006.

Del Toro Huerta, Mauricio Iván, «La apertura constitucional al derecho internacional de los derechos humanos en la era de mundialización y sus consecuencias en la práctica judicial». *Boletín mexicano de derecho comparado*, 2005, No. 112.

De Vega, Pedro, *La reforma Constitucional,* Editorial Tecnos, Madrid España, 1985.

Díaz Revorio, Francisco Javier:

- *Interpretación de la Constitución y Justicia Constitucional*, Editorial Porrúa, México, 2009.

- *Diccionario de la lengua española*, vigésima segunda edición. (http://www.rae.es/rae.html).

Donelly Jack, *Derechos Humanos Universales,* Gernika, Segunda edición, México, 1998.

Dworkin Ronald, *Una cuestión de principios,* Tr. Victoria de los Ángeles Boschiroli, Siglo XXI editores, México, 2012.

Epp Charles R., *The Rights Revolutions, lawyers, activists, and supreme courts in comparative perspective,* The University Of Chicago Press, USA, 1998.

Falcón y Tella, María José, *La interpretación lógica y sistemática de la ley.* En «Teoría y práctica en la aplicación e interpretación del Derecho», Editorial COLEX, Madrid, 1999.

Ferejohn, John A., Kramer, Larry D., *Independent judges, dependent judiciary: institutionalizing judicial restraint,* NYUL, Rev, 2002, vol. 77.

Ferandez-Miranda Campoamor, Carmen y **Fernandez-Miranda Campoamor,** Alfonso, *Sistema Electoral, Partidos Políticos y Parlamento.*, Editorial COLEX, Segunda Edición, Madrid, 2008.

Fernandez-Miranda Campoamor, Alfonso, *El Estado Social, Revista Española de Derecho Constitucional*, Año 23, No. 69. Septiembre-Diciembre 2003.

Fernández Segado, Francisco:

- *La Justicia Constitucional: Una visión de derecho comparado*, T. I., Dykinson, Madrid, 2009.

- «El control de las omisiones legislativas por el "BUNDESVERFASSUNGSGERICHT"», en: *Teoría y Realidad Constitucional*, No. 22, 2.° semestre, Universidad Nacional de Educación a Distancia Editorial Universitaria Ramón Areces, S.A., Madrid, 2008.

Ferrajoli, Luigi, «Garantías» en: *Jueces para la Democracia*, Año 2000, No. 38.

Ferrer Mac-Gregor, Eduardo, *Panorámica del Derecho procesal constitucional y convencional*, Marcial Pons, Madrid, 2013.

Fiss,Owen, «La independencia judicial» Tr. María del Pilar Venegas, en *Colección Seminarios*, No. 8, Marzo 1989, Universidad Diego Portales, Santiago de Chile.

Fix Zamudio, Héctor:

- *Breves reflexiones sobre el concepto y el contenido del Derecho Procesal Constitucional,* Derecho Procesal Constitucional, (**Ferrer Mac-Gregor**, Coordinador), Ed. Porrúa, Segunda Edición, México, 2001.

- *Estudio de la Defensa de la Constitución en el ordenamiento Mexicano*, México, Ed. Porrúa, Segunda Edición, 2011.

Fix Zamudio, Héctor, *et. al.*, *Derecho Constitucional Mexicano y Comparado*, Editorial Porrúa, Sexta edición, México, 2009.

Fix Zamudio, Héctor y **Ferrer Mac-Gregor,** Eduardo, *Las sentencias de los Tribunales Constitucionales*, UNAM, IMDPC y Porrúa, México, 2009.

Free Moore Blaine, *The Supreme Court and Unconstitutional Legislation,* University Press of the Pacific, Honolulu, Hawai, 2002, reprinted from the 1913 edition.

Freixes San Juan. Teresa y **Remoti Carbonell,** José Carlos, «Los valores y principios en la interpretación constitucional», en *Revista Española de Derecho Constitucional*, Año 12, No. 35, Mayo-Agosto 1992.

García Amado, Juan Antonio, *Sobre el Neoconstitucionalismo y sus precursores*, Controversias Constitucionales, Bogotá, Ediciones Universidad del Rosario, 2009.

García Belaunde, Domingo, *De la Jurisdicción Constitucional al Derecho Procesal Constitucional,* Derecho Procesal Constitucional, (Ferrer Mac-Gregor, Coordinador), Ed. Porrúa, Segunda Edición, México, 2001.

García de Enterría, Eduardo, *La Constitución como norma y el Tribunal Constitucional*, Editotial Thomson Civitas, Navarra España, Cuarta Edición, 2006.

García Maynez, Eduardo, *Filosofía del Derecho,* Editorial Porrúa, S.A., Octava Edición, México, 1996.

Gargarella, Roberto, *La Justicia frente al gobierno,* Editorial Ariel, S.A., Barcelona, 1996.

Garro, Alejandro M., «Reflexiones sobre la Corte Suprema de Estados Unidos en su actual composición y el rol institucional de la Corte», en Revista Española de Derecho Constitucional, Año 12, No. 35, Mayo-Agosto 1992.

Garzón Valdes, Ernesto, «El consenso democrático: Fundamento y límites del papel de las minorías». En *revista ISONOMÍA*, No. 12, ITAM, México, abril, 2000.

Gascón Abellán, Marina, «La justicia constitucional: entre legislación y jurisdicción», en *Revista Española de Derecho Constitucional*, Año 14, No. 41, Mayo-agosto 1994.

Guastini, Ricardo, *Estudios de teoría constitucional,* Edición y presentación por **Miguel Carbonell**, Distribuciones FONTAMARA, S.A., 2003.

Hamilton, Alexander, *El Federalista,* Fondo de Cultura Económica, Tr. Gustavo R. Velazco, México, segunda edición en español, 2001.

Härbele, Peter:

- «El Derecho Procesal Constitucional como Derecho Constitucional Concretizado frente a la judicatura del Tribunal Federal Constitucional alemán», en *Revista Iberoamericana de Derecho Procesal Constitucional Proceso y Constitución*, No. 1, Instituto Iberoamericano de Derecho Procesal Constitucional y Editorial Porrúa, México, Enero-Junio 2004.

- *El Estado constitucional,* Tr. Héctor Fix-Fierro, Universidad Nacional Autónoma de México, 2003.

Hart Ely, John, *Democracy and Distrust,* Harvad University Press, USA, 1980.

Hennig Leal, Mónica Clarisa, «La jurisdicción constitucional entre judicialización y activismo judicial: ¿Existe realmente «un activismo» o «el» activismo?», *Estudios Constitucionales*, Año 10, No. 2, Centro de Estudios Constitucionales de Chile Universidad de Talca, Chile, 2012.

Herrera Ortiz, Margarita, *Manual de Derechos Humanos*, México, Ed. Porrúa, Cuarta edición, 2003.

Hesse, Konrad, *Constitución y Derecho Constitucional,* Tr. Antonio López Pina, en Manual de derecho constitucional, (**Benda**, **Maihofer**, **Vogel**, **Hesse**, **Heyde**), Marcial Pons, Segunda edición, Madrid, 2001.

Hitters, Juan Carlos, «Control de Convencionalidad ¿Puede la Corte Interamericana de Derechos Humanos dejar sin efecto fallos de los Tribunales Superiores de los países?», en *Estudios Constitucionales*, Año 15, No. 2, 2017.

Kelsen, Hans:

- *Esencia y Valor de la Democracia*, Tr. Rafael Luengo Tapia y Luis Legaz y Lacambra, Ediciones Coyoacan, S.A. de C.V., México, 2005.

- *Teoría Pura del Derecho*, Editorial Epoca, S.A. de C.V., México, D.F..

- *La garantía jurisdiccional de la Constitución. (la justicia constitucional)*, Tr. Luis Legaz Lacambra, en Revista Iberoamericana de Derecho Procesal Constitucional, No. 10, Ed. Porrúa, México, Julio-Diciembre 2008.

- *La Teoría Pura del Derecho,* Editorial Época, S.A. de C.V., México.

León Bastos, Carolina, *La interpretación de los derechos fundamentales según los tratados internacionales sobre derechos humanos*, Editorial REUS, Madrid, 2010.

Levin Mark, R., *Men in Black, How the Supreme Court is destroying America*, Regnery Publishing, Inc., USA, 2005

McCloskey, Robert G., *The American Supreme Court*, The University of Chicago Press, USA, 1960.

Medellín Urquiaga, Ximena, *Principio pro persona,* Coedición: Suprema Corte de Justicia de la Nación, Oficina en México del Alto Comisionado de las Naciones Unidas para los Derechos Humanos, Comisión de Derechos Humanos del Distrito Federal, México, 2013.

Nelson, William E., *Marbury v. Madison. The Origins and Legacy of Judicial Review*, University Press of Kansas, USA, 2000.

Nogueira Alcala, Humberto, «La independencia y responsabilidad del juez constitucional», en *Revista Iberoamericana de Derecho Procesal Constitucional*, No. 1, Enero-Junio 2004, Editorial Porrúa, México.

Olano García, Hernán Alejandro, *Interpretación y neoconstitucionalismo*, Editorial Porrúa, México, 2006.

Peces-Barba, Gregorio, *Reflexiones sobre los derechos sociales*, en «Derechos sociales y ponderación» (**R. Alexy**), Fundación Coloquio Jurídico Europeo y Editorial FONTAMARA, Madrid-México, 2010.

Pegoraro, Lucio:

- «Constitucionalización del Derecho y Cultura Constitucional», en *UNED, Revista de Derecho Político*, No. 104, enero-abril 2019.

- **Perez Luño, Antonio Enrique**, *Derechos Humanos, Estado de Derecho y Constitución*, Editorial Tecnos, España, Séptima edición, 2001.

- *La tercera generación de derechos humanos*, Editorial Aranzandi, España, 2006.

Pérez Royo, Javier, «La doctrina del Tribunal Constitucional sobre el Estado Social», en *Revista Española de Derecho Constitucional*, Año 4, N.º 10, Enero-abril 1984.

Pizzorusso, Alessandro, *Justicia, Constitución y Pluralismo*, Editorial Palestra, Segunda edición, Perú, 2007.

Portela, Jorge Guillermo, «La relación entre moral y derecho en el paleopositivismo y el positivismo jurídico. Aportes para una crónica». En *Ius Humani. Revista de Derecho*, Vol. 4 (2014-2015).

Posner Richard, A.:

- *The Meaning of judicial Self-Restraint*, en Indiana Law Journal, Vol. 59, No. 1, 1983.

- *The Rise and Fall of Judicial Self-Restraint*, California Law Review, Vol. 100, June 2012, No. 3.

Prieto Sanchís, Luis, *Justicia Constitucional y Derechos Fundamentales*, Editorial Trotta, Madrid, 2003.

Quiñones Domínguez, Júpiter, *Sinopsis del control constitucional en México*, en Iuretec, Año 4, No 5, Centro de Investigación Jurídica del Instituto Tecnológico y de Estudios Superiores de Monterrey, Campus Chihuahua, Segunda Edición 2011.

Rascado Pérez, Javier, *La interpretación de los derechos fundamentales*, en Estado Constitucional y Derechos Fundamentales, Ed. Porrúa, Universidad Autónoma de Querétaro, México, 2010.

Rivera León, Mauro Arturo, «El argumento contra-mayoritario: Bickel y el caso mexicano», en *Revista Iberoamericana de Derecho Procesal Constitucional*, No. 15, Enero-Junio 2011.

Robertson Pat, *Courting Disaster, How the Supreme Court is usurping the power of Congress and the people*, Integrity Publishers, USA, 2004.

Roche, John P., *Judicial Self-Restraint,* American Political Science Review, 49, 1955

Rodríguez Salón, Román Ramón, *Derecho, constitución y estado de derecho. La actualidad del derecho en la constitución del estado social y democrático de derecho. Una reflexión desde el derecho fundamental a la igualdad.*, Anuario de Derecho, No. 28, Enero 2011, p. 7, consultable en: http://vlex.com/vid/actualidad-reflexion-fundamental-igualdad-411845142

Rossi, Julieta, *Los Derechos Económicos, Sociales y Culturales. Los Tribunales de Justicia y Órganos Internacionales de Protección de Derechos Humanos en Cuestión de Voluntad Política*, en Derecho económicos, sociales y culturales, Coordinadores Octavio Cantón J. y Santiago Corcuera C., Editorial Porrúa, México, 2004.

Sagües, Nestor Pedro, «La modulación constitucional», en *Revista Iberoamericana de Derecho Procesal Constitucional*, Instituto Iberoamericano de Derecho Procesal Constitucional y Editorial Porrúa, No. 21, Enero-junio, 2014.

Sánchez Bringas, Enrique, *Derecho Constitucional,* Editorial Porrúa, Primera edición, México, 1995.

Santiago Nino, Carlos, *La constitución de la democracia deliberativa,* Editorial Gedisa, España, 1997.

Scalia, Antonin, *A matter of interpretation, Federal Courts and the Law*, Princeton University Press, USA, 1997.

Schmill, Ulises, *Fundamentos teóricos de la Defensa de la Constitución en un Estado Federal*, en «La Defensa de la Constitución», **José Ramón Cossío** y **Luis M. Pérez De Acha** (Compiladores), Distribuciones Fontamara, S.A., Segunda Edición, México, 2000.

Schmitt, Carl, *El defensor de la Constitución*, en «La polémica Schmitt/Kelsen sobre la justicia constitucional», Editorial Tecnos, España, 2009.

Schuck, Peter H., *El poder judicial en una* democracia (2004). SELA (Seminario en Latinoamérica de Teoría Constitucional y Política) Papers. Paper 31. http://digitalcommons.law.yale.edu/yls_sela/31.

Strauss, David A., *The living constitution*, Oxford University Press, USA, 2010.

Tamanaha, Brian Z., *Beyond the Formalist-Realist Divide, The role of politics in judging*, Princeton University Press, USA, 2010.

Tarello, Giovanni. «La interpretación de la ley» (*Derecho y Argumentación* No. 11) (Spanish Edition) (p. 35). Palestra Editores. Edición de Kindle.

Tena Ramírez, Felipe, *Derecho Constitucional Mexicano,* Editorial Porrúa, Vigésima segunda edición 1987, consultado en la Trigésima cuarta reimpresión, México, 2001.

Valadés, Diego, *Constitución y Control Político,* en «Teoría de la Constitución, ensayos escogidos», **Miguel Carbonell** (Compilador), Ed. Porrúa, México, 2002.

Vázquez, Rodolfo, *Justicia constitucional, derechos humanos y argumento contramayoritario*, en «Anales dela cátedra Francisco Suárez, Norteámerica», 44, dic., 2010. Disponible en http://revistaseug.ugr.es/Index.php/article/view506.

Vintimilla, Jaime, «El Neoconstitucionalismo en la mira», en *Iuris Dictio, Revista del Colegio de Jurisprudencia*, Quito, Ecuador, Núm. 15, Enero 2013.

Watson Richard, A., *Democracia Americana, logros y perspectivas*, Tr. Ricardo Calvet Pérez, Noriega Editores, México, 1989.

Webster´s Dictionary, Landoll´s, USA, 1997.

Wong Meraz, Víctor Alejandro, *Constitución Mexicana. Reforma y Mutación.*, Editorial Porrúa, México 2010.

Witker, Jorge y **Larios,** Rogelio, *Metodología Jurídica*, McGraw Hill Interamericana Editores, S.A. de C.V., México, 1997.

Young, Ernest A., *Judicial Activism and Conservative Politics*, University of Colorado Law Review, Volume 73, Number 4, 2002.

Zagrebelsky, Gustavo:

- *La constitución y sus normas,* Tr. Manuel Ferrer Muñoz, en Teoría de la Constitución, Miguel **Carbonell** (Coordinador), Editorial Porrúa, México, Segunda edición, 2002.

- *El derecho dúctil, Ley, derechos, justicia.* Tr. Marina Gascón, Editorial Trotta, Tercera edición, 1999.

B) Tesis y Jurisprudencia

Tesis Aislada, Segunda Sala, Semanario Judicial de la Federación. Tomo LXIX, Página 4731.

Tesis Aislada, Tribunales Colegiados de Circuito. Semanario Judicial de la Federación. Tomo XIV. Julio de 1994, Página 546.

Resolución de la Suprema Corte de Justicia de la Nación, de fecha 14 de julio de 2011, publicada en el periódico oficial de fecha 4 de octubre del mismo año, en el expediente "varios" 912/2010.

Suprema Corte de Justicia de la Nación, Contradicción de Tesis 293/2011. Pleno. Gaceta del Semanario Judicial de la Federación, Libro 5, abril de 2014, T. I. página 96.

Sentencia dictada por el Tribunal Pleno en el Expediente Varios 1396/2011, publicada en el Diario Oficial de la Federación de fecha 14 de agosto de 2015.

Contradicción de tesis 336/2013. 2.ª/J 16/2014 (10). Semanario Judicial de la Federación. 11 de abril de 2014.

Contradicción de tesis 299/2013. Tesis P./J. 64/2014 (10a). Gaceta del Semanario Judicial de la Federación. Libro 13. Diciembre 2014. Tomo I. Página 8.

Tesis 1.ª/J. 4/2016 (10.ª). Semanario Judicial de la Federación. Libro 27, Febrero 2016, Tomo I, Página 430.

Tesis: 1.ª XXII/2016 (10.ª). Gaceta del Semanario Judicial de la Federación. Libro 27, Febrero de 2016, Tomo I, página 667.

Tesis: 1.ª/J. 38/2015 (10.ª). Gaceta del Semanario Judicial de la Federación., Libro 18, Mayo 2015, Tomo I, Página 186.

Tesis: (III Región) 5.º J/10 (10.ª). Gaceta del Semanario Judicial de la Federación. Libro 4, Marzo de 2014, Tomo II, página 1358.

Tesis: 1.4.º A.30 K (10.ª). Semanario Judicial de la Federación y su Gaceta. Libro XXV, Octubre 2013, Tomo 3, página 1753.

Tesis: 2./J. 163/2017 (10.ª). Semanario Judicial de la Federación. Libro 49, Diciembre de 2017, Tomo I, página 487.

Tesis: P./J. 2/2022 (11.ª). Semanario Judicial de la Federación. Publicada el 11 de febrero de 2022.

Made in United States
Orlando, FL
04 November 2026

90206075R00098